田园印记：中国农产品地理标志制度研究

王盛楠　著

黑龙江科学技术出版社
HEILONGJIANG SCIENCE AND TECHNOLOGY PRESS

图书在版编目（CIP）数据

田园印记：中国农产品地理标志制度研究 / 王盛楠
著. -- 哈尔滨：黑龙江科学技术出版社, 2024. 11.
ISBN 978-7-5719-2658-8

Ⅰ. F762.05

中国国家版本馆 CIP 数据核字第 20248KB422 号

田园印记：中国农产品地理标志制度研究

TIANYUAN YINJI ： ZHONGGUO NONGCHANPIN DILI BIAOZHI
ZHIDU YANJIU

王盛楠　著

责任编辑　刘　杨
封面设计　单　迪
出　　版　黑龙江科学技术出版社
　　　　　地址：哈尔滨市南岗区公安街 70-2 号　邮编：150007
　　　　　电话：（0451）53642106　传真：（0451）53642143
　　　　　网址：www.lkcbs.cn
发　　行　全国新华书店
印　　刷　哈尔滨午阳印刷有限公司
开　　本　787 mm ×1092 mm　　1/16
印　　张　7.75
字　　数　150 千字
版　　次　2024 年 11 月第 1 版
印　　次　2024 年 11 月第 1 次印刷
书　　号　ISBN 978-7-5719-2658-8
定　　价　40.00 元

前　言

　　农产品地理标志，是指对特定区域特定农产品品质和相关特征进行标识，使消费者知晓相关的生态环境和人文历史，并以地域名称冠名的特有农产品标志。随着中国社会的不断发展进步，普通民众对农产品安全问题关切度越来越高，对农产品品类、产地、质量等问题关注有加，但由于相关的制度设计、操作规范及监管滞后，农产品消费市场乱象丛生，良莠不齐，消费者对农产品地理标志认知有着客观的迫切要求。因此，本书拟通过对发达国家相关制度与案例的观察、分析，结合中国实际，力图对中国农产品地理标志的经济性、知识产权的有效保护，以及农产品地理标志在食品和农产品市场质量中的作用等问题进行梳理与研究，提出中国农产品地理标志问题的解决方案，进而促使社会大众在农产品上明白消费、健康消费。

　　中国农产品地理标志的经济性，在于通过地理标志的规范化和普及化应用，使地理标志农产品的经济价值得到体现和提升。同时，不同的知识产权保护工具在地理标志中的应用，即替代认证体系和商标，为地理标志提供知识产权保护，至为重要。从政策的角度来看，本书研究为地理标志提供了最理想的知识产权保护工具建议。在中国，与目前包括美国在内的许多重要市场使用的认证标志等标准机构相比，基于名称的独特体系选择更可取，因为名称可以提高被认证产品的综合声誉，降低与标准设备相比更高质量的总成本，即生产和信息成本的总和等。

　　消费者对来自国外的多种重叠地理原产地标注信息的认知和评价十分重要，通过调查发现，国外较成熟的做法，是将原产地标记和地理标志两个等级的受保护原产地名称（PDO）和受保护的地理标记（PGI），按地理区分为不同的三种类型，以原产地标签进行区别。据有关消费者资料显示，在特级初榨橄榄油等高品质产品比较增值的背景下，各国消费者对食用油类的购买意愿方面，国家之间的差异是多种多样的。在各个国家内，与未贴有地理标志标签的产品相比，消费者对贴有地理标志标签产品的购买意向更大，证明了消费者相比 PGI 而更重视 PDO。

地理标志产品出口国和地理标志产品进口国的激励措施，对于地理标志产品的销售影响很大。目前地理标志贸易的相关知识产权（TRIP）规定，在消费者缺乏有关地理标志和地理标志类似产品存在或特征的信息时，应扩大市场需求方面的引导作用。本书研究强调了地理标志产品出口国和地理标志产品进口国在国际市场上关于地理标志条款的利害关系与分歧，提供了开启钥匙，合理解释目前 WTO 成员方之间关于地理标志的争论。

综上所述，本书旨在通过深入分析和研究地理标志在经济发展和知识产权保护等方面的影响，为政策制定者、研究人员以及市场参与者提供有价值的农产品地理标志制度建设意见与建议。希望本书能对促进我国地理标志制度的建设和应用，推动全球食品及农产品市场的健康发展有所裨益。

目　录

1 绪论

1.1 研究的目的和必要性

这项研究的首要主题，是关于农产品出口时地理上差异化的食品和农产品市场的经济性，以及知识产权（intellectual property right，IPR）在保护地理标志食品和农产品上起到的作用。近年来，消费者对地方传统美食的兴趣激增，与正宗食物和烹饪遗产相关的饮食文化地位不断提高，社会表现为对食物质量和相关饮食文化的关注度提高。这种趋势，为食品生产、销售提供了新的机遇，同时也提出了挑战。现实中，食品市场的质量鱼龙混杂，在不对称信息和道德风险上遇到了困难。对于这些问题，传统的解决方案一直强调通过品牌（商标）传达、提高企业或者个体经营者声誉的作用。在当代，对于具有地理差异化的产品，企业除了使用商标外，还可以通过使用代表生产地理起源的集合性品牌来判断选择产品的质量。作为集合性品牌，地理标志（geographical indications，GI）可以说是代表。地理标志是为了给地理含蓄性明显的商品打上明显的地理烙印，明示农产品的生产场所并显示地区的名称。关于 GI 有几个例子，说到葡萄酒，就有香槟和勃艮第，农业食品中有宝城的绿茶、帕米吉亚诺·雷吉亚诺奶酪等。GI 产品的特点，被认为是消费者所关心的一些质量属性与产品地理环境的特性，如气候条件、土壤组成、地域特色等联系或决定（Josling，2006）。

GI 与商标有相似之处，通过识别商品的原产地或来源，来传达 GI 的特定品质，进而可以在类似商品之间区分识别特定商品。总体看，商标权的保护已经得到世界多数国家的共性认同，但对于 GI 的保护却有很大的不同。具有重要经济功能的 GI，在世界贸易组织（以下简称 WTO）的《与贸易有关的知识产权协定》（trade related intellectual properties，TRIPs）①中，被认定为系统形式的 IP。从 WTO 正在进行的谈判来看，对 GI 保护存在着很大的分歧。值得一提的是，WTO 成员之间谈判紧张的第一个原因，与为不同国家 GI 提供 IP 保护所使用的法律认证制度不同有关。例如，欧盟采用欧洲专门法法系，而美国采用基于商标法认证标志的系统，中国也采用基于认证标志的系统。

WTO 成员之间谈判紧张的第二个原因，是关于 TRIPs 协定的基本议程，该协定承诺，WTO 成员方参与谈判以加强对地理标志的保护。一些持有 GI 产品股份较多的国家，赞成对 GI 实行更严格的 IP 政策。这些国家提出，将目前只为葡萄酒储备的所谓"高水平保护"，扩大到所有 GI 产品的提案（以下标记为"扩大提案"）。如果该提案得以实施，扩大提案可能会赋予 GI 地区生产者在任何标签背景下使用 GI 名称的独家权利。也就是说，即使明示商品的真正来源，也可能禁止对"非正品"产品进行地理名称的商业使用。包括美国在内的反对国家，一直在努力阻止加强对 GI 的 IP 保护的措施。因此，这项研究的目的是努力通过 IP 保护，对 GI 的经济影响做出贡献，并澄清目前 WTO 中关于 GI 的争论，包括欧盟内部正在进行的产品质量政策改革趋向。具体来说，本研究涉及出口产品 GI 认证制度的改善、对农产品市场经济的贡献等，有以下三个方面：

第一，目前用于保护 GI 的不同 IP 手段对中国经济有何影响。

第二，中国消费者对地理差异化程度的认知，如何认识美国和欧洲的 GI。

第三，如何正视开放经济的影响，处理好国际市场 GI 与现行各国 IP 保护

①《与贸易有关的知识产权协定》是指专利权、议长权、商标权、著作权等知识产权的多边规范。现有的知识产权国家间保护一直由《巴黎公约》《伯尔尼公约》《罗马公约》等个别国际公约实施，以世界知识产权组织为中心，但保护水平薄弱，不在关贸总协定（GATT）体系的多边规范内，一直是贸易摩擦的主要热点。因此，随着国际上加强知识产权保护问题的出现，知识产权被作为始于 1986 年的乌拉圭回合（UR）谈判的一项议题，并作为 1994 年出台的 WTO 的附属协议。

TRIPs 协定共 7 部分，73 条，加强了知识产权的国际保护，并明确了侵权的救济手段，在适用于所有世贸组织成员方面也不同于以往的个别公约。与现有知识产权相关公约仅以属地主义的国民待遇作为保护对象相比，该规范以最惠国待遇为原则。30 多个发达国家从 1996 年 1 月起适用 TRIPs 协定，发展中国家从 2000 年 1 月起适用，最不发达国家从 2006 年起适用。

的冲突与矛盾。

1.2 研究结构

该研究的构成如下：

本书第三章在认证和商标都可以使用的背景下，研究企业声誉作为保障产品质量的机制，如何在竞争激烈的国际市场上良好应用。建议的模型，将以Shapiro（1983）的先行研究为基础进行，以反映在有竞争力的市场上，集体和企业特有的声誉。本章的研究目的有两个，一是了解用于地理差异化产品的替代 IP 手段（如商标、独立认证），如何在食品质量信息不对称的市场上努力提供对称信息的 GI 产品程度和效率。二是试图为地理差异化产品提供有关 IP 手段的政策建议。该模型的主要结果如下：①可以认为，在存在不对称信息和道德风险的市场上，与只能使用民间商标权的情况相比，可靠的认证制度可以降低确立声誉的成本，并产生福利效益。因此，认证可以提高作为质量保证机制的声誉能力。②认证制度的设计，对于解决信息非对称问题至关重要。该模型从政策的角度出发，在提供 GI 产品 IP 保护的选择工具方面偏爱基于认证标志名称的制度方式。

在第四章，由消费者对贴有地理原产地标签的食品偏好度实证调查组成，这是对中国消费者如何认知地理差异化程度不同的国家商品 GI 的调查。此外，调查消费者是否认知各种重叠地理原产地标签的信息内容，并认可其价值。对原产地标记和地理标记进行分类和评价。即根据原产地标记和两种类型的 GI——受保护的原产地名称（protected designations of origin，PDO）和受保护的地理标记（protected geographical indica，PGI）等进行分类评价。消费者数据显示，在意大利特级初榨橄榄油^①等高品质增值产品日渐增加的背景下，各国消费者对食用油的消费支出意愿多种多样，各个国家内，消费者对 GI 标签的消费支出意愿比未贴 GI 标签的产品支付意愿更大。此外，还有证据表明，消费者对贴有 PDO 标签的产品比不贴有 PDO 标签的产品有更多的消费支出意愿。

第五章分析 IP 保护对 GI 的开放经济影响，通过调查 GI 出口国和 GI 进口国的奖励措施，来审视 WTO 成员方之间目前对 GI 的争议，以加强目前对 GI 的 TRIPs 规定。本研究旨在填补现有关于 GI 的文献空间，解决过往文献多关注为 GI 提供完整的 IP 保护，或完全不受保护的特定案例问题。本研究通过在一定程度上允许 IP 保护，强调 IP 保护的部分优势。准确地说，研究的重点不在于讨论应在多大程度上对 GI 进行保护，而是为了更好地分析当前 WTO 关于 GI 保护的讨论。

第六章的研究，分析 GI（PDO 和 PGI）在意大利托斯卡纳部分农产品国际化过程中所起到的作用。所选案例研究的分析重点在于探讨 PDO 和 PGI 在国际市场中的使用，特别是在防止地名滥用、保护产品差异化以及利用原产地声誉获取独占性权利方面，企业所表现出的动机和策略。此外，在为客户提供明确的认证请求答复方面，商业角色将会很严格。PDO 和 PGI 可以代表国际化工具，但其效果取决于产品的特性、生产系统（分工比例、组织、团体组织的作用等），特别是目标企业的特性等诸多因素，这被认为是企业在国际市场上使用 PDO 和 PGI 的动机。也就是说，强化对企业和个人的保护，防止地理名称被滥用，同时也要防止通过产品差异化或独占性权利的方式进行不正当竞争。另外，从回答客户明确的认证要求角度出发，分析其严格的商业作用。

---

①在全世界的橄榄种植区中，意大利是特级橄榄油种植范围最广的国家。意大利几乎每个镇都生产橄榄油，几乎每个省都有独特的微气候，种植相应品种的橄榄树。微气候和品种这两个因素都影响着油的风味、颜色和香气。意大利的特级初榨橄榄油，第一次压榨时获得的低温压榨油，比例高于其他任何国家。托斯卡纳是意大利橄榄油生产地区中最小的地方之一，但特级初榨橄榄油享有很高的声誉。其中大部分是以家庭为单位的农场生产的。

在托斯卡纳南部，位于蒙特阿米亚塔斜坡上的塞吉亚诺村，电影导演阿曼多玛尼正在用有机农业方法种植该地区的土著品种奥利维斯特拉。他生产的 "For Me" 和 "For My Child" 受到高度评价，可能是全世界最贵的橄榄油。这种奢侈的油可在烹饪的最后阶段用来增加香味，或者直接蘸面包吃。

第七章，中国 GI 的推广使用，有助于消费者明了具有地域特性的特色农产品的原产地。中国 GI 产品与一些商标和标签一样，希望在市场上获得品牌效应，但此前中国对 GI 产品消费的研究，主要集中在水果和茶等特定产品上，对其他类型的产品关注较少，很少注意消费者对 GI 认证不同种类产品的购买意向差异。特别是中国国内，在国内管理部门市场支配力有限的情况下，GI 进口国的消费者通过进一步加强现有的 GI 政策，可能使我们难以从中获得显著的利益。从发展趋势看，GI 保护对增加 GI 生产者的收入、保护消费者的权益、改善生态环境、改善 IP 开发意义重大。中国是世界贸易组织（WTO）的成员，必须履行 TRIPs 协定。但是，中国对 GI 保护的研究起步较晚，目前的法律法规不系统（Yang，2013）。由于 GI 保护法的缺陷，中国的 GI 产品开发受到了阻碍，分析目前的保护方法，需要寻找解决问题的方法与途径。

最后，考虑到消费者缺乏有关 GI 及类似产品的特征信息，需要加强产品的市场宣传，故对该领域的现有研究进行补充。具体分析国际市场上为 GI 提供 IP 保护的优势，对向消费者提供信息的生产者的动机有什么影响，进而对生产者群体和消费者以及整个国际市场的利益分配有什么影响。主要结论如下：GI 出口国可以从当前 GI 条款的强化中获益。实践表明，当 GI 生产者或其协会在生产过程中面临资源或能力不足的问题时，他们更倾向于通过激励措施来弥补这些不足。这些激励措施包括绩效工资等金钱奖励，以及其他形式的认可和鼓励。然而，GI 进口国可能因当前 IP 条款的加强而面临不利影响。模型分析认为，进口国应将通过 GI 保护获得的大部分利益用于激励出口国，以帮助其降低 GI 产品的生产成本，从而促进出口。因此，特别是在中国国内市场竞争力有限的情况下，GI 进口国进一步加强现有 GI 政策，可能不会为消费者带来显著的额外收益。

1.3　术语定义

GI 在经济学和法律文献中使用的术语丰富多样，医学上也有应用。如今，经济学文献中越来越普遍使用 GI，本研究中的 GI 一词，特定用于参照某种类型的地理基础标记。此外，当涉及区分 GI 的其他"类型"时，将更具体地使用 PDO、PGI 等术语。与现有文献和有关 GI 的"技术性"文档一致，使用"名称"一词来区分欧式 GI 系统下受保护的 GI 和商标系统下受保护的 GI，然后列出地理上最重要类型的地理基础标记，并报告正式定义。

1.3.1　原产地标记

原产地标记是原产地规则的一项重要内容，包括原产国标记和地理标志。其中原产国标记是指用于指示一项产品或服务来源于某个国家或地区的标识、标签、标示、文字、图案，以及与产地有关的证书等。地理标志则指一个国家、地区或特定地方的地理名称，又将该名称用于指示一项产品，且该产品的质量特征完全或主要取决于地理环境、自然条件、人文背景等因素。

1.3.2　原产地名称

《里斯本协定》将原产地名称（appellation d'origine，AO）定义为"国家、地区或附近等地理名称，原产地仅限于或本质上归因于包括自然和人为因素在内的地理环境的质量和特性"。根据《里斯本协定》注册的原产地名称示例包括葡萄酒的"Bordeaux"、坚果的"Noix de Grenoble"和烈酒的"Tequila"。原产地名称的概念实际上与受保护的原产地名称（PDO）的概念相同。

1.3.3　受保护的原产地名称

受保护的原产地名称（PDO）是欧盟体系内受保护的两种类型的 GI 之一。在保护农产品和食品的地理标志和原产地地名的 510/2006 号条例（以下简称"规定 510/2006"）中，PDO 被定义为"用于描述特定地点或该地区独特地理环境所产生的农产品或食品，其质量或特性主要或完全源于该地理区域的名称"。这种定义强调了产品质量与其地理环境之间的密切关联，包括自然和人为因素，如气候条件、土壤组成、生产方式等，这些因素都必须在指定的地理区域内存在和应用。

1.3.4　受保护的地理标志

受保护的地理标志（PGI）是欧盟框架内受保护的第二类 GI。规定 510/2006 中将 PGI 定义为"用于说明地区名称、特定地点或特殊地区、特定地点或国家的农产品或食品的国家"。因此，PGI 是指具有特定地区、特定地点或归属于该地区的特定质量、声誉或其他特性农产品或食品，也可以定义为在原产地和定义的地理区域内进行生产、处理和准备的国家。但是使 PGI 特性化的质量和地理学之间的关联性，弱于 PDO 特性化的关联性。

1.3.5　地理标志

地理标志（GI）的最新国际定义，是根据 1994 年 TRIPs 协定提供的。该协议将 GI 定义为"IP"，即 GI 是表明某一货物来源于一成员的领土或该领土内的一个地区或地方的标记，而该货物所具有的质量、声誉或其他特性实质上归因于其地理来源。其中包括 AO、PDO、PGI 等。

2　理论背景

2.1　先前研究

历史上最初的 GI，第一种形态是由表示商品地理起源的单词、用语或符号等组成的。从中世纪开始，在威尼斯附近的穆拉诺岛上使用所谓的公会标志，来显示穆拉诺玻璃等商品的地理位置（Merges，2004）。法国、葡萄牙、意大利托斯卡纳等国家和地区引进的第一部 GI 保护法，可以追溯到 14 世纪和 15 世纪（Oskary，2006）。这些第一定律，是为了防止错误地标记商品的地理起源，对抗不公平竞争和"冒充通用"，这为今天的法律制定铺平了道路。将 GI 的概念用作今天的原产地名称（AO）的第一个动机，是 19 世纪法国的 Phylloxera①虫害的发生。当时的法国，为了保护波尔多和香槟生产地区的葡萄酒生产商，使他们免受低质量葡萄酒和欺诈等竞争的影响，政府制定了区分或限制波尔多和香槟葡萄酒生产地区的法律，第一部法律没有提及质量要求。1919 年，法国正式将 AO 概念视为集体 IP 的一种形式，生产者可以将地理名称注册为 AO，但直到 1935 年，为葡萄酒和烈酒引入原产地名称限制（controlled appellation of origin，AOC）制度后，AO 的概念才得到了完整开发。事实上，

---

①葡萄根瘤蚜（Phylloxera）是一种全球性的葡萄害虫，原产于北美东部。它与蚜虫类近似，是一种极小的昆虫，几乎只能在显微镜下观察到。葡萄根瘤蚜通过吸食葡萄藤的根部和叶片上的汁液为生，不同遗传变种的根瘤蚜对葡萄的破坏程度有所不同。葡萄根瘤蚜会导致葡萄根系变形（例如形成"瘤状物"），并引发次生真菌感染，从而逐渐阻碍葡萄藤对养分和水分的吸收，最终导致葡萄植株死亡。这种害虫在 19 世纪被引入欧洲，对欧洲的葡萄园造成了毁灭性的打击，改变了葡萄酒生产的历史。当时，由于对葡萄根瘤蚜的了解不足，欧洲葡萄种植者对其危害无力应对，而北美的葡萄品种因长期与该虫共存，已经进化出了一定的抗性。因此，欧洲种植的葡萄在接触到根瘤蚜时，往往会枯萎死亡。在葡萄根瘤蚜的破坏下，欧洲的葡萄酒产量在 19 世纪下半叶急剧下降，这一危机推动了南非、澳大利亚、阿根廷和智利等"新世界"国家葡萄酒产业的发展。同时，由于白兰地等蒸馏酒的稀缺，苏格兰威士忌逐渐在全球范围内流行起来。最终，欧洲种植者通过将欧洲葡萄品种的枝条嫁接到具有抗性的北美葡萄根系上，才得以恢复葡萄种植。

AOC 引入了特定于 AO 的质量和生产要求条件，这是 AO 概念的重要功能（Anania et al.，2004）。这些质量和生产要求，由法国国家葡萄酒和酒类原产地协会机构提供有效监督。

随着时间的推移，其他罗马法国家，也对包括葡萄酒和奶酪在内的其他产品引入了类似的制度。前面提到的 20 世纪初的法国法律，在形成目前欧盟使用的 GI 系统的特征方面发挥了很大作用。取而代之的是，在习惯法管辖地区如澳大利亚、加拿大、美国等地，GI 的保护与不公平竞争的法律一起发展。根据这些国家的规定，GI 主要以认证或集体标记的形式受到商标法的保护。

早期国际上保护 GI 的尝试，可以追溯到 19 世纪末，即《巴黎公约》。《制止商品产地虚假或欺骗性标记马德里协定》（以下简称《马德里协定》）和《保护原产地名称及国际注册里斯本协定》（以下简称《里斯本协定》），则是签署了《巴黎公约》等多边协定之后产生的蝴蝶效应。《巴黎公约》于 1883 年签署，是最早的关于 IP 的条约之一，也是 170 多个协定成员中最广泛采用的条约之一。该条约禁止直接或间接使用“对商品来源或生产者、制造商或商人身份的虚假标注”等方式进口商品。《巴黎公约》原文范围有限，而连续修订的法案，扩大了对产品来源的所有伪造和原产地虚假标注的禁止。此外，伪造的贸易名称可能会被单独使用，从而进一步加剧了原产地虚假标注和品牌欺诈的问题。

值得注意的是，《巴黎公约》没有具体的地理标志（GI）认证程序或规定，而是提供了一般性的保护框架。如果某成员注册的地理标志受到侵犯，权利人可以在其他成员方寻求同等的法律保护。各成员按照自己的国内法来实施和管理地理标志保护，而没有统一的国际注册体系。对地理标志相关标识的国际保护机制，后来在 1891 年的《马德里协定》中有所涉及，但该协定本质上是商标国际注册制度，并不直接涵盖地理标志。然而，地理标志可以通过证明商标或集体商标的形式，依托马德里体系进行国际注册。《马德里协定》规定，成员可以在一定期限内（通常为 12 或 18 个月）拒绝保护，否则该商标将自动在这些国家受到保护。世界知识产权组织（WIPO）负责管理马德里体系，提供统一的商标申请和注册程序，主要适用于国际商标注册，而不直接提供地理标志的认证。对于葡萄酒及相关产品的特殊保护，应更多关注 TRIPs 协定及《里斯本协定》，而非《马德里协定》。

1958 年，《里斯本协定》将 AO 的概念扩展到国际市场。《里斯本协定》规定，AO 定义为国家、地区或地区名称，指定"地理环境，包括自然和人类因素"的性质或特性。《里斯本协定》使农产品保障在国际市场上取得成果成为可能。例如，一个单一的注册程序足以保证所有成员都有给定的 AO。但《里斯本协定》与《巴黎公约》和《马德里协定》不同，只将 GI、AO 等限制在一个等级（Barham，2003）。

《里斯本协定》专门用于保护原产地名称（AO），其保护范围比《巴黎公约》和《马德里协定》等早期条约更广泛且更严格。首先，该协定禁止在产品名称中使用诸如"种类""类型"或"仿制"等词语，以防止对原产地名称的误导性使用。其次，它扩大了保护范围，包括那些已被视为通用名称的原产地名称，以确保其独特性不会因市场使用而削弱。最后，对于与新注册的原产地名称相冲突的现有商标权，协定规定应在一定过渡期内逐步废除，以维护原产地名称的独占性。由于具体条款内容可能有所调整，建议查阅世界知识产权组织（WIPO）官方网站或相关法律文件，以获取准确的信息。

就《马德里协定》而言，《里斯本协定》的主要限制事项是有限的会员权。目前，《里斯本协定》只包括 26 个签署的国家，包含欧盟的多个成员国（意大利、法国、葡萄牙、捷克、斯洛伐克、保加利亚和匈牙利）。

20 世纪 80 年代初，当 GI 支持者要求将保护扩大到更多的国家时，美国开始推进包括知识产权在内的多边贸易谈判。此时，欧盟（EU）和瑞士在多边贸易议程上鼓励并确保了一次 GI 的存在（Josling，2006）。

2.2 地理标志（GI）保护现状

随着时间的推移，GI 会较多受到来自不同法律体系的多种法律概念的保护，并对条件、范围和保护资格等产生各种影响（Oskary，2006）。作为保护 GI

的主要工具，其原产地和商标名称类似，但两者具有独特的法律概念。这两种形式的主要区别是，在保护方式上明确规定，为了使 GI 成为保护对象，必须提供产品特性和地理起源之间存在特殊关系的证据，但并不一定需要这种关系（Clemens，2002）。历史上，罗马法国家（法国、意大利、西班牙、葡萄牙）和最近欧盟（EU）使用原产地名称，而共同法国家（澳大利亚、加拿大、美国）则使用商标。

2.2.1 名称相关的固有制度

GI 的保护可以追溯到 19 世纪，在欧洲几个有着漫长历史的国家，GI 保护有悠久传统。1992 年，欧盟作为共同农业政策改革计划的组成部分，通过了 EEC2081/92 号条例（以下简称"规定 2081/92"），为所有成员确立 GI 对农产品和食品的协调保护体系（葡萄酒和酒类除外）。欧盟的 GI 保护体系通常在文献中被称为"独特 GI 体系"。规定 2081/92 的目的，在于通过 GI 标签实现差异化，以支持和加强源自地理原产地或传统生产方法的农业和食品产品的开发。2006 年，规定 2081/92 被规定 510/2006 取代。2081/92 和 510/2006 两项规定本质上类似，之所以被取代，是因为它们不遵守 TRIPs 协定的某些条款。[①]

规定 510/2006 分为两种类型的 GI：受保护的原产地名称（PDO）和受保护的地理标志（PGI）（Belletti et al.，2005）。

这两种类型的 GI 区分取决于产品与特定地理原产地的关联程度。在两种类型中，PDO 的保护要求产品特性和地理环境之间有更严格的关联性。要想使 PDO 受到保护，产品必须满足以下两个条件：第一，产品的质量或特性必须由地理学上具有地区或原产地特征的自然和人为因素（如气候、土壤质量、地区

---

①510/2006 号条例在不改变其实质的情况下，对 2081/92 号条例进行了修正。为遵守 TRIPs 协定而引入的修正与废除"互惠原则"简化适用的程序有关。关于互惠原则，2081/92 号条例仅在第三国同意对有关欧盟产品给予与欧洲共同体提供的相同保护的条件下适用于第三国的农产品。510/2006 号条例废除了这一要求。

510/2006 号条例所采用的简化包括：（1）采用一份关于适用的独特文件，其中包括所有关键信息（因此，在反对意见中可以更快地获得）；（2）正在考虑寻求反对直接向委员会登记某一特定地理信息系统以便向第三国申请登记的可能性。

生产知识等）组成，本质上具有独占性。第二，包括原材料生产和加工处理在内的整个生产工序，必须在规定的地理原产地内进行。与此形成鲜明对比的是，作为一种形式不那么有限的 GI，PGI 只是要求将指定产品的特性和生产的一部分归类并在特定地理区域内发生（Belletti et al.，2005）。

根据规定 510/2006，相同农产品或食品的保护可由生产商或加工商协会获得。为了得到保护，可能在"连锁生产和供应过程的供应链"（以下简称"供应链"）中，包括其他行为者的协会，必须启动和管理注册申请程序。该规定需要规范产品必须满足的要求，包括产品的所有特性、生产方法和产品的地理区域，以贴上地理标签。规则代码通常是在国家或地区当局的监督下，供应链中的行为者之间协商的结果，必须得到国家和欧盟机构的批准（Belletti et al.，2005）。除了提交有关保护纲领的详细信息外，寻求保护的协会还必须根据整个供应链指定负责认证和检测的第三方机构。这些认证和检查活动是为了确认贴有 PDO 或 PGI 标签的产品是否遵守规范。

商标贴标的产品通过标签进行差异化，能够在信息不对称的情况下帮助消费者做出选择，因为它提供了关于产品来源和质量的可靠信息。而商标仅在消费者认为标签具体信息属实的情况下有效（Landes et al.，2003）。根据欧洲法规构想的独立检查，对于通过标签传递的信息是可验证的并为 GI 系统提供可靠性至关重要。对每种产品的检查活动，在整个控制系统的操作文件控制计划中定义（Belletti et al.，2005）。

国际标准化组织质量管理标准认证（以下简称"UNI CEI EN"）只要遵守监管机构的特殊规定，就可以任命指定的检测机构，或经批准的私营机构为检测机构，包括 EN45011 中规定的客观性、公正性、专业性和充分的财政资源保障等。但是，一旦产品注册，无论是否是首次申请注册的协会成员，遵守产品规格的地理区域内的所有生产者，都可以使用该产品的 PDO 或 PGI 标签。此外，由于葡萄酒和烈酒被排除在规定 510/2006 之外，直到最近，欧盟葡萄酒共同市场组织提供了一个通用的保护体系，但成员在决定如何对每种葡萄酒进行分类方面大多是自主的（Langinier et al.，2008）。

如此一来，中国国内葡萄酒的各种 GI 标签和 GI 分类不断扩散，2008 年 4

月，欧盟葡萄酒共同市场组织 479/2008 的改革，实现了欧盟所有 GI 标签的协调，目前有 GI 的葡萄酒被分类为 PDO 或 PGI。因此，在过去的几年里，亚洲、北美和拉丁美洲的许多国家①都引入了独特 GI 体系。

2.2.2　认证标志

如果 GI 不存在专门的保护系统，注册商标系统为 GI 的保护提供了法律框架。在美国，可以使用认证标志、个人标志和团体标志来保护国内外 GI。名称是特别具体地证明产品的来源，但认证标志可用于认证商品或服务的所有方面。例如，认证标志可用于认证质量、制造方式和产品来源。认证标志与名称大不相同。第一，认证标志归个人所有，而名称则不然。第二，与名称不同，认证标志不要求产品质量与其地理原产地之间有特别的关联性。但是，确认认证产品的哪些特性得到认证，包括产品质量与其地理原产地之间存在特殊的关联性，是认证标志所有者的责任。最后，对于唯一的系统来说，带有认证标志的产品将成为检测对象。而对于认证标志，检测活动是认证标志所有者的责任，而不是第三方检测机构的责任。尽管如此，生产者和检查员之间的独立性仍然存在，因为商标所有者不直接在特定产品上进行工业活动或商业活动，而是向独立生产者承认商标的使用（Lence et al.，2007）。如果 GI 通过标记进行保护，则保护基于不公平竞争的规则。从根本上说，在相关地区以外生产的产品上使用 GI，被视为试图利用一些其他生产者的商誉或声誉，就像商标侵权一样。

2.3　国家地理标志（GI）保护体系

GI 在其他国家，包括美国、阿根廷、澳大利亚、巴西、加拿大和新西兰，在多个欧盟成员国和瑞士的农业部门发挥着重要的经济作用，而中国国内 GI 的存在，还没有实质的经济重要性。国家间对 GI 重要性的认知差异，导致了

①包括中国、泰国、韩国、越南、哥伦比亚、委内瑞拉、古巴、哥斯达黎加等。

在国际市场上对于加强 GI 知识产权条款的不同需求，这也加剧了各国在 GI 保护方面的分歧。1994 年，乌拉圭贸易谈判和 TRIPs 协定的签署是国际保护 GI 的重要里程碑。TRIPs 协定对 GI 非常重要，不仅 GI 被认为是 IP 的明显形式，最重要的是 TRIPs 协定将 GI 转换为多边议题（Josling，2006）。事实上，TRIPs 协定的条款适用于所有 WTO 成员（目前有 162 个成员），这解决了困扰《马德里协定》和《里斯本协定》的低参与度问题。此外，TRIPs 协定的条款由 WTO 的争端解决结构支持，这是目前在国际上实施规则最有效的方法之一。

TRIPs 协定以早期的 IP 条约为基础，设定了包括 GI 在内的 IP 保护的最低要求。与《里斯本协定》相比，TRIPs 协定保护了更广泛的 GI。但是，TRIPs 协定的保护范围没有《里斯本协定》提供的那么广泛，《里斯本协定》中的所有条款都没有集成到 TRIPs 协定中（Moschini，2004）。TRIPs 协定中规定，GI 是表明某一货物来源于一成员的领土或该领土内的一个地区或地方的标记，而该货物所具有的质量、声誉或其他特性实质上归因于其地理来源。对于 TRIPs，GI 可以是任何单词或短语，而不是识别具有地理起源产品的地理名称或符号。此外，根据 TRIPs 协定的定义，为了使产品具备 GI 的资格，产品的质量、声誉或其他特性从根本上归因于其地理起源就足够了。取而代之的是，像 AO 这样产品的声誉，并不是被视为 GI 的充分条件。AO 要求产品的质量和其他特性根本上归因于它的地理起源。

TRIPs 协定在葡萄酒和所有其他产品的 IP 保护水平之间维持着《马德里协定》的二分法。对所有产品提供最低级别的保护，对葡萄酒和酒类提供额外的保护（Nomisma，2001）。而且，TRIPs 协定不仅禁止对所有产品使用代表《巴黎公约》第 10 条不公平竞争行为的那种标记，还禁止使用虚假或有误解的标记（Rangnekar，2004）。葡萄酒和酒类的进一步保护，与是否通过在脱离 GI 标记区域的产品上使用类似的地理标记来扰乱或混淆消费者无关（Moschini et al.，2008）。WTO 成员主张：①标明商品的实际原产地；②将地理标志用于翻译；③在伴随着模仿、种类、方式、类型等表达的情况下，应向利害关系方提供法律手段，防止在非源自地理标志的产品上使用 GI。对葡萄酒和酒类的额外保护，还包括两个额外的因素：①成员必须拒绝对包含或组成地理标志的葡萄酒及酒类的商标注册；②成员们承诺，将参加旨在提高个人地理标志保护的谈判。

2.4 目前地理标志（GI）的论争

TRIPs 协定的签署，标志着保护 GI 倡导者和 GI 的成功，但还有一些问题需要解决（Zago et al.，2004）。TRIPs 协定本身包含一个议题，要求成员"在谈判中加入加强对个别 GI 的保护"，并要求讨论 GI 对葡萄酒的多边通报和注册制度的引入。关于这种通报及登记制度，欧盟的提案提出了两种建议，即自愿加入和强制通报。选择参与的国家，必须通报其管辖区内受保护的所有 GI，以及具有法律约束力的制度，即 GI 的注册意味着，该制度要求通报的相关术语必须符合 WTO 成员所认可的保护标准。中国正在建立以协商为目标，以国际数据库为基础的自愿系统，即支持自愿参与和自愿通报的系统。

3 中国的地理标志（GI）保护体系

本章在认证和商标都可以使用的背景下，研究企业声誉作为一种机制，可以确保并提高其产品在竞争激烈的国际市场上的竞争力。建议的模型将以Shapiro（1983）的先行探讨为基础进行研究，以反映竞争市场上集体和企业特有的声誉。

3.1　中国地理标志（GI）保护制度

中国对 GI 的保护可以分为三个阶段：第一阶段，1985—1995 年。中国加入《巴黎公约》后，开始初步探索对原产地标志（AO）的保护。第二阶段，1995—2001年，通过修订《商标法》，并加入 TRIPs 协定，建立了更加完善的 GI 保护体系。第三阶段，2001 年之后。中国加入 WTO 后，进一步根据国际协议修改法律，全面实施对 GI 的保护。

1985 年 3 月，中国加入了保护 IP 的《巴黎公约》，此后开始承担保护 AO的义务。1986 年 11 月，中国国家工商行政管理局商标局（以下简称"商标局"），在安徽省召开的有关专业会议上表示，县级以上行政区域名称不能作为商标使用，是因为与 AO 相关保护相冲突。

1987 年 10 月，中国国家工商行政管理局商标局指出，作为《巴黎公约》成员，中国有义务遵守该公约的规定。北京京港食品有限公司在其生产的一种食品上使用"丹麦牛油曲奇"名称。北京市工商行政管理局就此向国家工商行政管理局商标局请求指示，1987 年 10 月 29 日得到的答复是：责令北京京港食品有限公司立即停止使用"丹麦牛油曲奇"这一名称，以保护《巴黎公约》缔约国的原产地名称（AO）在我国的合法权益。

1988 年 5 月，商标局在山东省工商行政管理局发布的关于"龙口"名称的意见中表示，"龙口"是指地方长时间使用在该产品上的具有来源标识特性的名称，以任何企业商标注册使用都不妥当。山东省工商行政管理局表示，在山东省政府批准下，应与相关机构协商，就"龙口"名称达成一致，制定出处标注或保护 AO 的地区性暂行规定和相应的保护措施。

1989 年 3 月，国家商标局向各省、自治区、直辖市工商行政管理局发布了酒类商标整顿中各类问题的通知，表示"Champagne"是法国 AO，不能作为中国一般产品的名称使用。当年 10 月，国家工商行政管理局向各省、自治区、直辖市等工商行政管理局发布了停止使用酒类产品中香槟或 Champagne 等用语的通知，并表示："'香槟'是法国'Champagne'的声音文字标记，是指法国 Champagne 省生产的有泡沫的白葡萄酒。"不是酒类的通用名称，而是 AO。近年来，我国一些企业使用"香薰"或"Champagne"等作为酒类名称，不仅是盗用，而且侵犯了他人的 AO 权利。因为中国是《巴黎公约》的成员，有义务保护 AO。因此，商标局正式发出通知，要求不仅在中国的企业、事业机关、个体户等，包括在中国的外国企业（法国企业除外）也不能在酒类产品中使用"Champagne"或"香槟（香薰、女性香槟、小香槟、大香槟）"等用语（张今，2000）。

1994 年 12 月，根据《中华人民共和国商标法》（以下简称商标法）和《中华人民共和国商标法实施细则》（以下简称实施细则），国家工商行政管理总局制定了《集体及证明商标注册管理办法》，明确证明商标是指由对某种商品或者服务具有检测和监督能力的组织控制，而由其以外的人使用在商品或服务上，用以证明该商品或服务的原产地、原料、制造方法、质量、精确度或其他特定品质的商品商标或服务商标。这是中国第一个以证明商标的形式正确保护 AO 的法律规定。自 1995 年 3 月 1 日起实施，截至 1995 年底，已受理 14 件证明产品 AO 的证明商标注册申请，其中三件在美国申请。

1995 年，中国对 TRIPs 产权提供保护。TRIPs 协定要求各成员必须对地理标志提供有效保护，包括通过法律手段阻止误导消费者的做法。在这一时期，地方特产如茶叶、水果等开始被纳入地理标志保护的范畴。虽然 GI 保护的应用范围有限，但为后续的发展打下了基础。1995 年后，中国为加入 WTO（2001

年）进行了全面的法律体系调整，确保国内法规与 TRIPs 协定保持一致。这一过程中，GI 保护的法律框架得到了进一步完善。这一阶段的重点是通过法律修订和加入 TRIPs 协定，建立起了较为系统的 GI 保护体系，并为中国后续加入 WTO 和全面实施 GI 保护奠定了基础。

1996 年 7 月，国家商标局在回复四川省工商行政管理局关于禁止使用商标法规定的酒类"香槟"或"Champagne"等用语的函复时表示：1989 年，国家工商行政管理局发布了酒类产品停止使用"香槟"或"Champagne"等用语的通知，但目前仍有部分企业违规继续在酒类产品中盗用"香槟"或"Champagne"等用语，已违反商标法第八条[1]的规定，根据商标法第三十四条第二项和实施细则[2]的规定，确定查处。同时，"Champagne"是指以消费者所知的外国地名实施保护的 AO。1993 年 2 月，我国首次修改了商标法，当年 7 月，对商标法实施细则进行了类似的修改，修改后的商标法实施细则增加了对集体及证明商标的保护[3]，并提供了可供 AO 保护参考的行政法规。

1999 年 8 月 17 日，中国首个关于原产地产品保护制度的部门规定颁布实施，这就是国家质量技术监督局发布的《原产地域产品保护规定》，这是中国原产地产品保护制度初步确立法律地位的标志。2001 年，国家出入境检验检疫局借鉴 TRIPs 协定和欧盟 GI 保护制度相关经验，公布了《原产地标记管理规定》及《原产地标记管理规定实施方法》，有助于提高中国的国际竞争力。

自 2001 年 12 月起，中国通过法律、行政法规和政策对地理标志（GI）进行保护。在加入世贸组织之前，中国政府在加入世贸组织工作组的报告中（第 252 项）确认，中国将遵守世贸组织协定和 TRIPs 协定的要求，包括修改商标

---

①商标法第八条规定，任何能够将自然人、法人或者其他组织的产品与他人的商品区别开的标志，包括文字、图形、字母、数字、三维标志、颜色组合和声音等，以及上述要素的组合，均可以作为商标申请注册。

②随着《中华人民共和国商标法实施条例》自 2002 年 9 月 15 日起施行，1983 年由国务院发布、1988 年 1 月 3 日经国务院批准第一次修订、1993 年 7 月 15 日经国务院批准第二次修订的《中华人民共和国商标法实施细则》废止。

③《中华人民共和国商标法实施细则》第六条：依照《商标法》第三条规定，经商标局调查批准的集体商标、证明商标，依法受到保护。集体商标、证明商标的注册管理办法，由国家工商行政管理局会同国务院有关部门另行制定。

法及 TRIPs 协定相关领域的细则。这些修改必须在中国正式加入世贸组织之前完成（第 263 款）。为确保完全符合 TRIPs 协定的规定，中国当时准备对现行商标法进行修订（赵小平，2007）。

中国加入 WTO 的法律文件中包含《中华人民共和国加入议定书》和 WTO 中国工作组的报告。议定书及报告由中华人民共和国第九届全国人大常务委员会第十七次会议批准。当时，在中国国家主席和外交部长正式签署的批准书中，中华人民共和国郑重声明，将完全遵守议定书所载的一切（董炳和，2005）。

2001 年 10 月，为落实加入 WTO 承诺，中国对商标法进行了第二次修改，并根据第 2 条第 2 款的规定，制定了 GI 的专门保护规定。当年的规定证实，在中国，根据商标法，可以用证明商标保护 GI。同时，还明确可以用集体商标保护 GI。①

此后，国家工商行政管理局根据商标法、商标法实施条例，修改了《集体和证明商标注册管理办法》，并于 2003 年 6 月 1 日起施行。由此，中国形成了商标法、商标法实施条例，集体商标、证明商标注册管理办法实施 GI 保护的商标法保护体系。

3.2 中国 GI 保护制度的特点

3.2.1 中国 GI 注册规定的特点

1）中国 GI 注册

根据商标法第 4 条规定，自然人、法人或者其他组织等对自己生产、加工、制造和销售的产品等需要独占商标权的，应当向商标局申请产品商标注册。因此，中国的商标注册遵循自行申请、注册等原则。如前所述，商标法实施条例

---

①在中国，GI 注册为集体商标（集合商标）与注册为证明商标的区别主要有：第一，用户不同。集体商标（集合商标）可以由注册人及其成员使用，而证明商标是由注册人以外的集体和个人使用的，注册人本人不得使用。第二，证明的内容不同。即集体商标（集合商标）的品种是在商业活动中表明商标使用者当年在组织中的地位、会员资格，而证明商标（证明商标）是为了证明产品或服务的原产地等特定质量。

第 4 条 GI 可以注册为集体商标或证明商标的规定，也表明无论是否注册 GI，都将按照自愿注册原则进行。

2）外国 GI 注册

中国是《巴黎公约》缔约国，作为 WTO 成员方，有义务保护其他《巴黎公约》缔约国的 AO 和其他 WTO 成员方的 GI。

2003 年制定的商标法实施条例第 6 条规定，GI 必须通过商标法或本条例的规定，申请集体商标或证明商标注册。根据《巴黎公约》第 25 条规定，任何国家在提交批准书或加入书时，都可以根据其国内法令实施本条约。TRIPs 协定第 1 条第 1 款的首句，也规定了成员应遵守和执行协定内容，明确各国有实行义务。因此，外国 GI 要想在中国受到商标法保护体制的保护，自然要根据中国国内商标法和商标法实施条例的相关规定，申请注册为集体商标或证明商标。

3）中国的 GI 保护对象

GI 和 AO 都属于 IP。根据《巴黎公约》和 TRIPs 协定，AO 和 GI 保护对象是"名称"和"标识"等，而不是"AO 产品"和"GI 产品"。中国不仅根据《巴黎公约》保护 AO，保护 GI 也与《巴黎公约》和 TRIPs 协定一样，保护的不是"产品"，而是"名称"和"标志"。

3.2.2　中国 GI 保护特征

目前，中国明确使用 GI 这一 IP 固有术语的法律，有 1993 年 7 月制定的商标法和 2002 年 12 月修订的农业法两种。这两部法律都是由全国人大制定，全国人民代表大会常务委员会通过的。商标法对 GI 有特别规定，农业法对农产品 GI 有具体规定。中国的 GI 产品可以通过两种方法进行注册和使用，一是将 GI 产品作为集体商标或证明商标在工商行政机关注册。另一个是在国家质量监督检验检疫总局（Administration of Quality Supervision, Inspection and Quarantine, AQSIQ）登记为 GI。如表 3-1 所示，GI 产品将被分类为 PDO 或 PGI 进行注册。但是，无论选择哪种方法，中国 GI 注册使用的产品数量都是非常有限的。

表 3-1　中国 GI 注册类型

名称	拉丁翻译	产品种类	GI 类型
平谷大桃	Pinggu Da Tao	桃子	PDO
盐城龙虾	Yancheng Long Xia	小龙虾	PGI
镇江香醋	Zhenjiang Xiang Cu	米醋	PGI
东山白芦笋	Dongshan Bai Lu Sun	芦笋；龙须菜	PGI
金乡大蒜	Jinxiang Da Suan	大蒜	PGI
龙井茶	Longjing Cha	茶；茶叶	PDO
琯溪蜜柚	Guanxi Mi You	中国西柚	PDO
陕西苹果	Shananxi ping guo	苹果	PDO
蠡县麻山药	Lixian Ma Shan Yao	山药；薯蓣	PGI
龙口粉丝	Longkou Fen Si	粉丝/面条[①]	PGI

　　1995 年 3 月至 2018 年底，中国工商行政管理总局商标局收到 1027 件 GI 注册申请，其中中国国内注册申请 969 件，外国注册申请 58 件。随着中国政府重视 GI，GI 注册申请呈不断增加的趋势。截至 2018 年底，中国质检机构对 1363 种产品实行 GI 保护，6419 家企业对产品使用 GI 进行审查。企业的 GI 产品主要有茶、酒类、水果、中药材、传统工艺品、水产品、加工食品等。

　　从上述情况来看，在中国国内注册的与 GI 保护相关的 GI 产品，不包括葡萄酒（包括香槟）和洋酒等产品，主要由农产品和副业产品等组成。可以看出，这种形式与其他国家的 GI 保护产品有很大差异。而且，中国对注册的 GI，无论产品种类如何，都按照 TRIPs 协定第 23 条的标准进行保护。因此，在中国，TRIPs 协定的第 22 条和第 23 条等保护标准不存在差异。但 TRIPs 协定第 23 条

---

　　①它是意大利面的一种，具有圆形意大利面的典型特征，与意大利面相似，但很细，是细长而圆的面食。从古代词典来看，意大利细面（vermicelli）被定义为"形态类似于生活在人体内的长寄生虫，呈长绳状"。这里的"vermi"在意大利语中有"蠕虫"的意思。

的明示中并不存在扩大葡萄酒和烈酒保护标准用于其他种类产品的规定。因此，综合分析来看，中国的 GI 注册使用量依赖于具有悠久历史的茶、丝绸、陶瓷器等特产，对于中国的经济发展作用不大（任继圣，2001）。

3.3　中国地理标志保护存在的问题

3.3.1　中国地理标志制度法的紊乱和二重保护制度

中国不仅对地理标志（GI）保护的制度法分散，而且由于负责部门的较低水平管理，各自由不同部门制定、发布。因此，在不考虑各地区具体情况的前提下，各部门一般都朝着有利益的方向进行。

另外，由于现行分散的 GI 保护制度法相互之间不协调，规定重叠冲突，甚至为了彼此的利益而对立。中国保护 GI 的法律，有全国人民代表大会制定的《中华人民共和国商标法》《中华人民共和国反不正当竞争法》《中华人民共和国消费者权益保护法》等，还有各主管部门的规定，如国家出入境检验检疫局 2001 年 4 月起实施的《原产地标记管理规定》，国家质量监督检验检疫总局 2005 年公布生效的《地理标志产品保护规定》等。这些法律的实施，实际上导致了对同一保护对象的多重监管，即通过不同的法规或重复的规定进行管理。这种双重体制在保护对象、保护层级和内容上存在交叉和冲突，缺乏协调和统一性。

例如，在 GI 的保护方面，商标局根据商标法和《集体及证明商标注册管理办法》等，以"证明商标"的形式保护 GI，同时，国家质量监督检验检疫总局根据国家有关原产地产品保护规定，将 GI 保护确定为"原产地标记"。这两个部门所依据的法律规范，在保护对象、保护水平、保护内容等方面出现矛盾，相关讨论成为焦点。从实际注册商标来看，"东阿阿胶""贵州茅台酒""水井坊酒"等注册为"原产地标记"，但问题是权利人不完全一致。

这种双重体制管理的模式对 GI 保护的负面影响有五方面：

第一，可能会引起 GI 保护人员在双重保护制度中应遵循哪些原则的混乱。

表现为：①双重注册程序中，哪个保护制度的 GI 保护效力更大；②对于同一 GI 产品，两个保护制度是否需要同时注册；③一个保护制度对 GI 进行了认证，但在其他保护制度中不被认可，如何处理令人困惑。第二，商标局和国家质量监督检验检疫总局从各自的立场认证和保护 GI，出现了双重申请、双重审查问题，容易提升审核成本，造成人力资源浪费等。第三，一般产品在地理上标注时，与原产地产品和 GI 产品产生冲突。有些产品使用地理名称已注册为普通商标，如果这些 GI 根据《原产地域产品保护规定》《原产地标记管理规定》《地理标志产品保护规定》等受到保护，则会因相同的地理名称而出现产品保护执行上的模糊。因此，虽然是同一产品和地理标记，但产品的所有者各不相同，所有权不明确，不能排除所有者之间发生冲突的可能性。第四，分散的保护制度困扰了市场主体。将同一 GI 按照两个部门不同的行政程序批准审查，加重了市场主体的心理负担和运营成本等。此外，如何协调缓冲专用商标的使用者和"原产地产品"或"地理标志产品"等专用标志的使用者之间的冲突，还有很多困难。第五，在确定原产地及地理标志（GI）侵权责任时存在冲突。根据商标法，侵权行为被认定为"侵犯注册商标专用权"，而根据地理标志产品保护相关规定，GI 侵权行为则按照《中华人民共和国产品质量管理法》《中华人民共和国反不正当竞争法》等法规进行追责。这种双重标准导致了在侵权责任认定上的混乱，尤其是在判断侵权行为是"伪造"还是"非法使用"时，存在不同法律之间的矛盾和不一致。

3.3.2　缺乏 GI 保护意识

中国有品种繁多、品质优良、评价优良的特产，但 GI 保护开始的时间不长，对 GI 的了解还不尽如人意，因此从政府到企业、消费者等都缺乏关于 GI 保护重要性的意识（郑成思，2002）。

政府对 GI 保护的重要性意识不足，没有认识到 GI 对中国国内经济快速发展有重要帮助。政府各部门之间和各地方之间缺乏良好的协调机制，因此在某些地区受 GI 保护的产品，脱离该地区后，在其他地区无法得到较好保护。还有很多 AO 被外国企业滥用（王笑年，2006）。

例如，日本从中国大量进口中药材，在国际市场上制作并销售与中国同样的中药材产品。中国绍兴市制造绍兴酒①，日本生产并销售同样的绍兴酒。产生这些问题的原因，是权利人缺乏保护 GI 意识，对 GI 的使用、保护、遵守等方面，缺乏必要规定和制度设计，没有系统完善的解决方案。

另外，对 GI 没有统一的管理，缺乏对在该地区以外伪造使用 GI 行为的查处机制，该地区没有整顿损害 GI 声誉产品伪造行为的法规性措施。（吴汉东 等，2005）。

3.3.3 GI 的一般命名化

由于在特定产品上长期习惯性地使用 GI，GI 的重要性可能会丧失，成为一般的命名词。在这种情况下，如果是单纯地标示来源地，其危险度非常大（单飞，2002）。

如果消费者将任何产品名称理解为同一类型所有产品的名称，而不是某一特定地区的名称，则地理名称已被扩大使用，因此不能再作为 GI 受到保护（单飞，2002）。

中国政府本身对 GI 的法律保护还在逐步加强，企业家和消费者多缺乏 GI 保护意识，很多 GI 产品都变成了同类产品的通用名称或代号。如果某个地名被用作某种产品的商标，而不是原产地标志，那么该地名就不再具有 GI 的功能。

例如，云南省是著名的珍贵石材大理石产地。但由于云南大理石生产者不知道 GI 对自身优势的重要性，云南大理石没有被认证为 GI 产品，目前被用作同类石材的通用名称（罗立，2005）。此外，还可以举出龙井的"龙井茶"、绍兴的"绍兴酒"、宣城市的"宣纸②"等。因此，GI 被普遍命名的主要原因在于权利人意识不足，未能积极维护自己的权利（黄武双 等，2005）。

---

① 一种产于浙江绍兴地区的黄酒。
② 安徽宣城西泾生产的书画用高档纸。

3.4 启示

综上所述，鉴于目前中国 GI 保护存在的问题，应尽快减少和消除各部门之间在法律规定上的冲突，政府、企业家、消费者等都应致力于保护 GI，并要通过加强对 GI 的国际保护，努力解决好存在的问题，彻底保护 GI。

首先，要做好相互冲突的法律规定的协调。目前中国多项法律规定存在重叠或重复，产品质量法、商标法、反不正当竞争法等关于侵权行为的构成要件不一致，《原产地标记管理规定》与商标法规定的 GI 内容不同。同时，《原产地标记管理规定》作为部门规定，法律约束力不强，为了增强约束力，需要加强符合 TRIPs 协定的法律制定与发布执行。

其次，要增强企业家和消费者的 GI 保护意识。全部 GI 权利所有人，都应认识到侵权行为的重大危害，当自身合法权益受到侵害时，应积极通过法律途径来维护自己的合法权益。要学会利用事后协商和司法救济等办法主张权利，防止侵权。同时，非常有必要建立知名企业产品的 IP 保护制度，通过商号与商标的一体化、GI 与固有标识的结合、GI 产品包装独特设计的营销策略等，全面提升 IP 保护效果。

4　美国及欧盟的 GI 保护体系

本章由消费者对贴有地理原产地标签的食品的偏好度实证调查组成，这对于了解中国消费者如何认知地理差异化程度不同国家的商品 GI 非常重要。同时，分析消费者对各种重叠的地理原产地标签信息内容的认知并了解其价值认可。

4.1　美国的 GI 保护制度

美国有 200 多年的短暂历史，很难从 GI 的经济影响力中受益。因此，他们国家不通过特别法保护 GI，而是通过一般商标法 Lanham 法（兰哈姆法）、禁止虚假标注、反不正当竞争法、广告法等进行保护，使消费者摆脱混淆或欺诈等。

WTO 1995 年在 TRIPs 协定中规定："'地理标志'是表明某一货物来源于一成员的领土或该领土内的一个地区或地方的标记,而该货物所具有的质量、声誉或其他特性实质上归因于其他地理来源。"美国 GI 的例子有橙子"FLORIDA"、土豆"IDAHO"、苹果"WASHINGTON STATE"等（Belletti et al.，2006）。

GI 可以看作商标的子群体。原因是 GI 的来源标识符、质量保证、重要的商业利益等执行着与商标相同的功能。美国发现，通过作为认证和集体标志的注册商标制度来保护 GI，可以为国内或国外原产地的 GI 提供高于 TRIPs 协定的保护水平。美国自 1946 年（TRIPs 协定实施几十年前），即广泛使用 GI 一词时起，就一直在保护外国和国内的 GI（Belletti et al.，2007）。

4.1.1　通过证明商标保护 GI

美国 Lanham 法对证明商标（certification marks, CM）[①]有如下规定：第一，由证明商标权利人以外的人使用。第二，证明商标权利人以善意的意图与他人进行交易时使用。第三，为了证明他人的产品或服务地区及其他产地、原材料、质量、制造方法、精度、产品特性等，或者证明产品及服务等相关的工作是由特定地区的工会或联合企业等执行的，定义为名称、用语、象征性或手段、集合体等（Belletti et al., 2006）。

使用 CM 的目的是向消费者提供证明某产品或服务等具备某种特性或满足要求的产品质量及标准等信息（Belletti, 2001）。因此，CM 和一般商标在特定商品或服务等方面的作用是一样的。美国 Lanham 法规定，CM 和普通商标（general marks, GM）一样，除了提供产品或服务等相关信息外，还会进行标记。相关规定不是标明适用来源，而是证明其产品质量，只要遵守证明标准，任何人都可以使用 CM。另外，与 GM 不同，证书持有者（certificate holder）不能在自己的产品中使用该 CM，CM 是被很多产品生产者使用的，要求证书持有者对 CM 进行严格的标准设定和一致的管理（Bashaw, 2008）。

4.1.2　通过集体标志保护 GI

集体标志是指产品或服务由某个组织或团体的成员提供，该组织或团体对标志进行注册，并允许其成员使用这一标志。集体标志用于区分会员生产的产品或提供的服务与非会员生产的产品或提供的服务。

美国商标审查机构将集体标志进一步细分为集体标志和集体会员标志两种类型。集体标志用于表示某个组织的成员提供的产品或服务，而集体会员标志则用于表明某人或实体是特定组织的成员。这两者虽然在表述上有细微区别，但本质上都属于集体标志的范畴。

[①]指用于证明某一商品或服务符合规定的质量、原产地、生产方式和其他特性等的标识。证明商标与普通商标相比，具有证明和保证功能等特点。因此，证明商标权利人本人不得对其产品或服务使用证明商标。

4.2　欧盟（EU）的 GI 保护制度

　　欧盟的 GI 保护制度将商业上对具有地理声誉的农产品或农食品进行保护的惯例制度化，从 IP 层面对 GI 和 AO 等进行注册和保护。欧盟历来就注重保护地理名称。而且，除了整个欧洲范围的葡萄酒和酒类以外，所有农产品的法律都是在 1992 年制定的（Bramley et al.，2007）。根据该规则的 GI 制度有 PGI 和 PDO 等。对于 PDO，从产品的生产到加工的所有过程都必须在该地区内进行。相反，PGI 的生产或加工过程，即使只有其中一个在该地区进行，也会对其产品给予 GI 保护。因此，可以看出 PDO 在保护 GI 方面采用了更严格的标准。

　　欧盟的 GI 制度特别重视对葡萄酒、酒类、啤酒、奶酪和加工肉制品等的保护。欧盟 GI 产品的特性，被欧洲众多国际研究项目所强调。欧盟通过独特 GI 体系保护 GI，其核心是 GI 具有与商标不同功能的单独 IP 形式，需要独立的制度进行保护。规定 2024/1143 提供了 PDO 和 PGI 的定义，并指出"它们的区别与产品和原产地之间的连接强度有关"（见表 4-1）。欧盟系统的主要特点，是申请人必须积极证明产品的特性、质量或声誉本质上源于地理环境或起源。如果连接得到验证，则可以注册适当的地理名称（Chen et al.，2017）。

表 4-1　PDO 和 PGI 比较

区分	GI	AO	PGI	PDO
规定	TRIPs 协定	《里斯本协定》	欧盟 510/2006	欧盟 510/2006
特点	标识产品以区分地区、地方等	农食品的原产地国家、地方、地区的地理名称	用于描述农食品的地方、地区、特例国家等名称	用于描述农食品的地方、地区、特例国家等名称
与地区的关联性	特殊的品质、名声或其他特性源于地理特性	质量和特性对特定地区的环境（包括自然和人为因素）有本质或排他性的影响	特殊的品质、名声或其他特性源于地理特性	质量和特性对特定地区的环境（包括自然和人为因素）有本质或排他性的影响
连接级别			在生产和加工过程中，允许在该区域内进行任何一个工序	生产和加工都必须在该区域内进行

欧盟对农产品和农食品,特别是葡萄酒和烈酒,制定了一系列严格的规则,并设立了地理标志(GI)保护法规。这些规则可以通过一个统一的系统来实施。在葡萄酒方面,欧盟规定 1308/2013 对葡萄酒的分类和命名进行了详细规定。该规定将葡萄酒分为两类:优质葡萄酒和佐餐葡萄酒,这两类葡萄酒均需按地区指定。地区指定的优质葡萄酒必须符合特定的生产地区和葡萄品种限制等标准。而佐餐酒则需满足不同的要求。此外,根据该规定,禁止葡萄酒使用可能引起消费者误认、混淆或欺骗消费者的地理标志。因此,禁止使用 "～style" "～kind" "～type" "～imitation" "～method" 等描述或宣传用语(Canada et al.,2005)。

4.3 美国及欧盟 GI 保护制度的特征

4.3.1 美国和欧盟的 GI 保护方法

美国和欧盟的 GI 申请处理机构:美国和欧盟的地理标志(GI)申请由与商标管理相关的同一政府机构处理,例如,美国专利商标局(USPTO)负责所有商标和地理标志的申请和审查工作。这一机制使得地理标志的管理与商标的管理整合在一起,从而提供了统一的申请、注册和审查流程。

美国和欧盟不保护商品或服务的一般地理术语或标志,这是因为当过于宽泛地使用地理术语或符号等时,消费者会将其视为指定相同类型的所有商品或服务的类别,而不是地理来源,并认为它是"一般的"。例如,"苹果"一词是水果的通用术语,因此它不能作为苹果的商标受到保护。这意味着许多国家,如美国和欧盟,不保护一般产品,因为它们被认为无法确定特定的商业来源或具体定义的集体生产来源。一旦 GI 的地理名称在美国和欧盟得到推广,任何生产者都可以自由地将该地名用于其商品或服务。

美国和欧盟 GI 保护制度的特点:美国和欧盟的商标和 GI 保护制度的一个重要特点是,未经商标权或 GI 所有者许可的第三方不得使用该商标或地理标志。如果此类使用可能导致消费者的混淆、误认,或对产品及服务来源产生欺诈性影响，则该使用是被禁止的。此外，商标权和 GI 的权利持有者享有优先和独占权，任何后来使用相似标志的行为，若有可能引起消费者混淆，都会被禁止。

4.3.2　通过注册商标制度保护 GI 的好处

将 GI 作为商标、集体标志或认证标志进行保护，已经采用了美国及欧盟和国际等企业熟悉的制度——现有的商标体制。此外，为了建立新的 GI 注册或保护制度，不需要对政府或纳税人的资源（如员工或金钱）做出额外承诺。一个国家为了保护 GI 而使用现有的商标权制度，包括只使用已经投入商标权制度的资源进行申请、注册、反对、取消、应用程序、判决和实施。此外，该制度还很容易在 GI 中容纳标牌，不仅是地点名称，还有单词、口号、设计、三维显示、颜色，甚至声音和香气等。

除了履行 TRIPs 协定对实质性 GI 和商标权义务的所有要求外，该制度还满足 TRIPs 协定关于国家待遇处理要求和执行的义务。作为 TRIPs 协定的法律义务，处理国家待遇要求世贸组织成员方为向国内公民提供的 IP 提供相同或更好的外国人待遇。此外，该制度还将涉及竞争者、地理区域的企业或标志所有者可能遭受侵犯或不遵守认证标准的问题。因此，政府不需要投入额外的实施资源来确保合规性。此外，私人业主只能等待他们的政府对侵犯或擅自使用采取措施。GI 所有者可以根据侵害的第一个征兆决定采取措施的时间，并立即采取措施，从而在利益转移给竞争对手之前保护自己的利益。

4.3.3　GI 作为认证标志

认证标志是指除标志所有者以外的一方或一方为认证第三方商品和服务的某些方面而使用的所有词语、名称、符号或设备等。认证标志有三种类型：①地区或其他原产地；②材料、制造方式、质量、准确性或商品和服务的其他特性；③工会成员或其他组织成员对财物和服务付出了工作或劳动（Fishman et al.，2008）。

此外，认证标志可以在两个或多个认证类别中使用相同的标志来认证商品和服务的一个或多个特征。例如，标志 ROQUEFORT（罗克福奶酪，美国注册号 571798）用于表示奶酪是用羊奶制成的，且在法国苏宗尔河畔的罗克福尔村的岩洞中发酵成熟的蓝莓干酪。

　　美国商标法通过两种特性来区分认证标志和商标。首先，认证标志一个非常重要的功能是其所有者不使用认证标志。第二，认证标志不代表商业来源，不将一个人的产品或服务与另一个人的产品或服务区分开来。这意味着所有符合认证标准的主体企业都有资格使用认证标志。但是，认证标志是从源头上识别的，目的是了解产品的特性和质量，并确认这些产品满足了特定的标准。

　　认证标志并不用于标识由标志所有者生产的商品或提供的服务，因此标志所有者本身不能使用该标志。相反，认证标志是由符合特定标准的其他独立实体使用，标志所有者负责监督和管理这些实体对认证标志的使用。

　　认证标志的目的是向消费者告知授权用户的财产和服务具有特定的特性或满足特定的资格或标准。认证标志并不代表单一商业或垄断根源的来源。当应用于产品或相关服务时，认证标志传达的信息是产品和服务由认证者和所有者（不是产品和服务的生产者）以检查、试验或任何方式（Goebel，2008）确认的。因此，产品或与服务相关的标志，是由独立的第三方（非生产者）进行认证，确保这些产品和服务符合认证者所设定的特定标准或资格条件。

　　根据美国的经验，在大多数情况下，对使用地理术语作为认证标志行使控制权的机构，是经政府机构或政府批准运营的机构。如果使用地理术语作为认证标志，有两个因素令人担忧。第一，保留当地所有人使用该术语的自由。第二，防止滥用或非法使用任何可能对该标记产生不利影响的标记（Loureiro et al.，2003）。一个地区的政府经常有控制使用该地区名称的逻辑权限。政府有权通过直接或授权的机构保护所有人的权利，防止滥用或非法使用标记。

　　对于认证者标准的实施，人们最关心的是准确性和高标准维护，以及消费者要求认证者保证必要的质量。当然，美国和欧盟政府对不同种类的食物和饮料都有农业检查官，但这是完全不同的。在 GI 认证标志的保护方面受到影响的当事方，都可以在美国和欧盟现有的商标权体制内反对注册或尝试取消注册（Mainville et al.，2005）。因此，如果一方认为认证人不遵守自己的标准或因拒绝使用认证人的标志而受到歧视，则该方可以向联邦法院提出反对或取消认证标志的申请（Pingali et al.，2005）。

4.3.4 GI 作为集体标志

在美国和欧盟，有两种类型的集体标志：①联合企业注册商标或集体服务标志；②联合企业会员标志。这两类联合企业注册商标的区分，由政府专利局和商标注册办公室的行政法庭商标审判和上诉委员会（TTAB）解释。解释如下：

联合企业注册商标或集体服务标志是"联合企业"（即协会、工会、合作社、联谊组织或其他组织集团等）为会员而采用的标志，会员使用该标志识别自己的商品或服务，并与非会员区别开来。"联合企业"本身不使用联合企业注册商标或集体服务标志销售产品或提供服务，但联合企业可以根据标志对会员销售的产品或提供的服务进行广告宣传。

联合企业会员标志是在组织化团体（如工会、协会或其他团体）中以标记会员为目的采用的标志。联合企业及其会员不使用联合企业会员标志来识别和区分产品或服务。相反，这种标志的唯一功能，是表示标记的人是联合企业的会员。

联合企业注册商标和联合企业会员标志与"常规"注册商标和服务标志一样，代表产品或服务的商业起源，但联合企业标志不是来源于某个成员或团体，而是代表集团成员的原产地，集团的所有成员都使用标志。因此，任何成员本身都不能拥有徽章，联合企业组织名义上对作为联合企业使用的徽章拥有所有权，以实现集团所有成员的利益。农产品销售商的农业合作社是合作社组织的例子，并不出售自己的产品或提供服务，而是作为合作社的组织，促进和宣传合作社成员的产品和服务。合作社可以实施广告或其他宣传项目，以宣传标志，促进会员的事业。

4.3.5　GI 作为注册商标

在美国和欧盟体制下，GI 可以作为注册商标受到保护。然而，依据美国和欧盟的商标法，如果地理标志明确说明了产品或服务的来源，但说明不准确或者存在误导，则不能被注册为商标。因为如果地理标志误导了消费者，使其误认为产品或服务来自错误的地点，就会对消费者造成混淆或欺骗。

随着时间的推移，消费者开始将 GI 作为识别特定公司、制造商或生产商的工具，GI 不再只描述产品和服务的原产地，而是描述产品和服务的"来源"（Shang et al.，2014）。在这一点上，其标记具有"次要意义"或"获得的特殊性"。对消费者的首要意义是地理空间，次要意义是生产或制造。标记对消费者具有双重含义的，符号具有溯源识别能力的，可以作为商标进行保护。由于美国和欧盟商标法赋予商标溯源识别等功能，GI 也可以作为注册商标或联合企业标志受到保护。

4.4　美国及欧盟 GI 保护制度的问题

地理标志(GI)的历史可以追溯到古希腊，当时对葡萄酒的保护已经开始。来自塔索斯的葡萄酒因其独特的风味而享有盛誉。为了防止误用和误导性标识，塔索斯的葡萄酒生产者在每个陶罐上使用了不同的形状和铭文作为标识。这些陶罐和其上的铭文不仅代表了该葡萄酒的质量和声誉，也表明了它的地理来源，进一步强化了其与特定产地的联系（Pingali，2006）。

产品名称中地理词的使用有三个目的，一是为了传达地理来源；二是为了传达非地理产品的品质；三是为了创造唤起好想法的价值等。地理词的区分如下：

第一，作为产品的地理名称，这种用法仍可能引发混淆。例如，许多原居住于旧大陆的人迁移至新大陆后，将旧大陆的地名沿用于新大陆的地区，导致地理名称的重复和混淆。

第二，指的是产品的非地理资质，例如薯条中的"法国"指的是将薯条切成薄片的土豆。

第三，涉及地理词的翻译、模仿或使用，这类情况是基于两种目的混合在一起。一方面，这些词语可能唤起了地理标志（GI）的特性，但另一方面，它们可能被用作产品的描述，表面上看起来类似于受保护的地理标志，尽管不一定引发混淆或欺骗。例如，有些人可能会使用地理名称来暗示与原产地的联系，但实际上并未真正产生于该地。这通常被视为利用他人声誉而获利的行为。

第四，唤起地理词语是为了唤起地理名称的特定关联性或美感。例如，英国冰淇淋制作 Viennetta，使用它来显示奥地利城市维也纳的优雅和奢侈。

4.4.1 以前的 GI 保护制度

两个事件刺激了为 GI 制定具体的保护措施。第一，计划废除荒废酒厂（great wine blight）；第二，共同的农业政策（common agricultural policy，CAP）补贴。

在 1850 年至 1870 年间，葡萄园荒废的现象在法国蔓延。大约 40% 的法国葡萄园遭到破坏，疫情还波及德国、卢森堡和瑞士的葡萄园。这场灾难最初是由一种名为葡萄根瘤蚜的害虫引起的，这种寄生虫源自北美，专门攻击葡萄树的根系。由于疫情的影响，从 1860 年到 1870 年，法国从意大利和西班牙进口葡萄酒的数量增长了 10 倍。随后，从 1871 年到 1900 年，大约有 5 万户家庭，其中包括许多酿酒商，逃往法国的殖民地阿尔及利亚，在那里种植了 70 万公顷的葡萄。这些产自阿尔及利亚的葡萄酒几乎全部运回法国销售。由于阿尔及利亚当时是法国的殖民地，这些葡萄酒被视为法国国内产品，因此免于征收关税。波尔多、勃艮第和香槟地区的法国酿酒商曾向政府施压，要求保护他们免受来自意大利、西班牙和阿尔及利亚廉价葡萄酒的侵害。

1905 年，法国政府制定了法律来保护自己免受假酒的侵害。另外，划分了葡萄酒地区的界限，规定了各地区的葡萄品种和葡萄栽培方法。1935 年，法国政府成立了国家原产地命名与质量管理委员会（Institute National of Appellations of Originand Quality，INAO），以研究解决人们共同关心的问题。INAO 根据法国有关葡萄酒的法律对葡萄酒市场进行监管，在法国发行 AO，以降低阿尔及利亚廉价葡萄酒的影响（Rob et al.，2005）。当法国和法国葡萄酒市场融入欧盟时，INAO 发挥他们的力量，增进了欧盟葡萄酒生产者的利益（Shang et al.，2014）。

法国政府对法国和阿尔及利亚的葡萄园过度生产征税，试图遏制法国和阿尔及利亚葡萄酒的过度生产，而大规模的生产者不得不将葡萄酒蒸馏成酒精。这些措施日后作为 CAP 的一部分，也将在欧盟实施。特别是 1976 年以后，在 INAO 开始推进阻止意大利葡萄酒洪水的仲裁政策后，欧盟对葡萄酒市场实施了质量、数量和价格限制。除了地理划分之外，还对葡萄酒栽培方法、葡萄品种、最大葡萄园收获量和生产惯例、最小和最大酒精含量、糖和添加物量等进行了准确的限制。规定：GI 只能附着在标签上，而不是使用的葡萄品种上。从 2008 年开始，后者也被允许了。为了减少数量，减少了种植的计划，并得到了葡萄园造林计划的补贴。另一种方法是用酒精蒸馏葡萄酒。在过去的 30 年里，平均每年有 2000 万公顷至 4000 万公顷的葡萄酒被蒸馏破坏，占欧盟葡萄酒生产的 12%至 22%。由于容易滥用并产生意想不到的后果，代价较大的 CAP 是不可持续的（Teuber，2010）。

4.4.2 未来面向 GI 的方法

在葡萄酒生产领域，像澳大利亚、美国、南非和智利这样的"新世界"国家开始展现出新的发展势头。20 世纪 70 年代，这些国家的葡萄酒生产者适应了大众需求，生产出了成熟的果香型葡萄酒和甜葡萄酒。传统上，葡萄酒的独特风味被认为主要来源于土壤和气候的独特组合，即地理区域的自然环境。葡萄品种、酒精浓度以及生产方法的特定组合也相对固定（Rao，2006）。对于一些保守的葡萄酒生产者而言，任何对传统工艺的改进或创新常常会引起质疑。然而，与之形成对比的是，"新世界"国家在葡萄酒生产中更加注重通过改良葡萄品种的混合、调整酒精浓度以及创新生产工艺来提高葡萄酒的品质。尽管这些国家的葡萄酒生产环境与传统的"旧世界"国家不同，他们通过创新实现了在不利自然条件下的生产，逐渐突破了以自然环境为核心的传统观念。在当今，越来越多的"新世界"国家不仅在标注其葡萄酒的地理标志（GI），还开始标注葡萄品种。同时，许多传统葡萄酒产区的生产者也逐渐开始承认自然环境对葡萄酒独特风味的影响，并将作为他们提升产品特色的一个重要解释。

4.4.3 国际组织

国际条约引入了三种关于商品地理标志（GI）和原产地名称（AO）的保护制度，并根据其地域性和典型性对这些 GI 进行分类。"典型性"是指葡萄酒的独特特性，这些特性源自其自然环境，包括葡萄酒的风味、葡萄栽培技术、葡萄品种、收获方式以及当地的酿酒传统。"地域性"则指葡萄酒与特定地点的社会构成之间的联系，反映了当地的烹饪传统、社会和商业网络、文化遗产以及环境的整体经验。

1891 年，马德里签署了一项协议，旨在打击商品的虚假标记和欺骗行为。《马德里协定》第 1 条第 1 款明确禁止了直接或间接标示虚假或欺骗性原产地信息的行为，位于极端性保护的例子中。1883 年《巴黎公约》对地理标志保持沉默，直到 1925 年《巴黎公约》的《海牙法》引入了保护原产地的义务。《巴黎公约》明确规定，工业产权应被广泛理解，不仅适用于工业和商业领域，也同样适用于农业和采掘工业以及一切制成品和天然产品，如葡萄酒等。尽管联合国会员国可以决定如何实施这些保护，但 1958 年《巴黎公约》通过特别签署的《里斯本协定》进一步规定了通过国际注册来保护原产地名称的独特制度。

4.5 启示

欧盟的 GI 对葡萄酒、洋酒、啤酒、奶酪、加工肉等产品尤为重要。GI 产品的特点，突出表现为欧洲众多国际研究项目（Alfnes，2006）的重点关注。欧盟通过独特 GI 体系保护 GI，该方法的核心是，GI 是具有不同于注册商标特征的单独 IP 形式，需要独立的系统进行保护（Clemens，2002）。规定 2024/1143 给出了 GI 的两个定义，它们之间的差异与产品和原产地之间的连接强度有关。

它们是"指定来源"的"PDO"和"受保护的 GI"。欧盟系统的核心特征是，申请人必须证明产品的特性、质量或声誉本质上源于特定的地理环境或原产地。如果这种关联性得到验证，就可以为该产品注册相应的地理标志（Nayga et al.，1999）。

与欧盟不同，美国不认为 GI 需要独特的系统来保护。它认为 GI 是商标的子集。结果，美国的 GI 保护基于适用于商标权的相同标准和规则（Dong，2006），所以，美国采用商标法保护 GI。在美式商标权保护制度下，GI 具有两种不同的法律属性，一种是表示产品地理起源的标志，另一种是表示产品特定质量、声誉或其他特性的标志。要注意，在美国，如果 GI 注册为集体或认证标志，无疑会受到严格保护。从这一点来看，美国商标法对 GI 的保护水平非常高。

中国对 GI 的保护立法分散，水平较低，主要原因在于由不同部门制定或发布，所以一般不考虑各地的具体情况，而每个部门都更多地反映了自身的利益。因此，现行立法存在相互不协调、规定重叠甚至相互对立的情况（Chen et al.，2011）。

中国 GI 保护相关法律有全国人大制定的商标法、反不正当竞争法、消费者权益保护法等，国家出入境检验检疫局 2001 年 4 月实施的《原产地标记管理规定》，国家质量监督检验检疫总局 2005 年 7 月公布的《地理标志产品保护规定》等。在这种体制中，存在着保护对象、保护水平、保护内容等方面的交叉和矛盾，缺乏和谐统一。

目前，中国有三个同时运营的 GI 保护系统，根据保护系统本身的法律和规定进行保护。这三种 GI 保护系统都有自身的缺点，即在实际管理中遇到问题时，各部门很难迅速识别自己的责任，管理权限存在一定冲突，部门管理监督效率低下。同时，三套保护系统在保护规定、保护标准、适用程序以及保护效果方面重叠（Cabral，2000）。也就是说，这是造成管理资源浪费的明显证据。无论这些缺点如何，GI 所有者都无法选择最好的 GI 保护方法。保护应用程序同时应用于两个或三个部门，会大大增加 GI 用户的生产和运营成本，对 GI 产品的保护、开发和使用产生负面影响。因此，膨胀的管理系统不仅不会促进 GI 农产品的开发，还会阻碍 GI 农产品的开发（Bramley et al.，2007）。

5　地理标志（GI）案例

本章给出 6 个案例研究，强调欧盟、美国、中国以及发展中国家解决大型 GI 特定问题和实现目标的新计划，实际上是如何处理营销问题、团体组织、社会和环境影响、国家法律框架和国际市场保护的方案（见表 5-1）。

表 5-1 案例国家一览表

国家	产品	总产量中的出口量	注册
法国	法国干邑白兰地	70%	地理标志注册商标认证标志
摩洛哥	摩洛哥坚果油	67%	注册商标
中国	内蒙古羊绒羊毛	50%~90%（取决于加工步骤）	注册商标认证标志
哥伦比亚	哥伦比亚咖啡	90%	地理标志注册商标认证标志
美国	爱达荷土豆	78%	地理标志注册商标认证标志
中国	金华火腿	60%	注册商标认证标志

每个案例研究都遵循以下系统的方法：第一，概述了产品交易的现有市场制度，以及为克服该制度的潜在缺点，国家或供应链已经采取了哪些措施。第二，明确产品的独创性，提出产品宣传活动的营销策略。研究表明，当前的供应链中，各个国家在法律和国际谈判中存在着针对 GI 推广的种种保护措施，这对 GI 市场上推出的产品形成挑战，说明现有供应链的社会和环境副作用不可小视，对 GI 系统有着不容忽视的影响。

5.1　法国干邑白兰地

法国干邑白兰地是法国波尔多地区干邑镇（Cognac，音译"科涅克"）生产的白兰地，将酒精成分强烈的酒或葡萄酒等像苏格兰威士忌一样蒸馏而成。白兰地是无色或透明的，但如果在橡木桶中储存很长时间，橡木桶的香味和单宁成分会添加香味和颜色，酒会呈现褐色。科涅克白兰地是法国科涅克地区的特产高级白兰地，由酒精浓度高的葡萄酒蒸馏而成，酒精度为 40%~43%，也用作兴奋剂（Charrouf，2007）。

法国科涅克事务所的工作，主要涵盖生产监督、销售监督以及对 AO 干葡萄酒的保护。此外，科涅克事务所还对家庭情况、位置、葡萄品种、生产月度记录、原料、工艺、库存、质量、销售和出口等环节实施五个阶段的全流程管理。所有登记应提交海关、税务及其他部门共同监督，使用原产地标记必须遵守国家规定，严格执行注册、编号、工厂名称、原产地、日期、生产场所、销售、密码安全等管理。科涅克事务所的高效工作使其在果农、葡萄酒商乃至国际市场上享有盛誉。

在欧盟，独特 GI 体系的优势在于，它充分考虑了 GI 作为特殊产业知识产权的特性，明确强调了 GI 的地位和作用，保护机制清晰易懂。然而，缺点是该体系与商标法的协调性不足。在审查和注册过程中，GI 的注册和商标权分离，可能导致重复注册和资源浪费。例如，现有体系并未充分考虑如何确认产品类别或解决与已有权利的冲突。此外，管理这一独特体系需要设立专门的行政机构，增加了政府支出，因此许多国家并未采用这种特别法。通常情况下，使用特别法保护 GI 的国家，往往拥有全球知名的产品和相关产业。GI 保护这些产品的经济价值，对于生产者和国家都具有重要意义。因此，拥有这些知名产品的国家会积极推动特定的 GI 保护立法，以维护其国际竞争力。例如，法国通过严格的 AO 制度保护其葡萄酒产业，保障了波尔多、香槟等产品的全球声誉和市场地位。

5.2 摩洛哥坚果油

摩洛哥是目前世界上唯一的摩洛哥坚果阿甘油[①]生产国，而坚果油又称"液体黄金"，生产 1 升摩洛哥坚果油需要 60 千克坚果，仅 Souss Massa Draa 地区的产量就占摩洛哥总产量的 86%（Ouraiss，2007a）。Souss Massa Draa 的年总产量约为 6000 吨，其中出口 1000~1500 吨，其余在国内消费。

主要进口国包括欧盟、北美和以色列等。阿甘油的价格有很大不同，因为油可以用于多种食品（炒过的果实豆油）和非食品产品（通常用于化妆品、按摩、抗衰老等产品的未炒过的果实豆油）。流通主要是成品，由民间企业或合作社运营，但大量用作化妆品的成分（Galizzi，1995）。

摩洛哥坚果油是一种传统产品，由女性手工生产，在当地市场销售（Türkekul et al.，2007），摩洛哥妇女将其用于食品和化妆品。随着国际市场对阿甘油的需求增加，Rabat 大学的化学教授 Zoubida Charrouf 研究了阿甘油的质量。

到 20 世纪 90 年代中期，摩洛哥国内阿甘油市场的增长持续放缓，20 世纪 90 年代后期，非传统的高附加值油市场急剧扩大。出口商很快意识到，摩洛哥坚果油的提取和营销不适合高附加值市场（Türkekul et al.，2007）。阿甘油消费者期待该地区生产比传统更纯、更高品质的油和更薄的包装材料，需要更严格灭菌、更机械化的提取和更精细的营销策略（Tian，2009）。

大多数当地人无法直接参与高价的摩洛哥坚果油市场，而运输基础设施差也导致间接参与阿甘油市场遇到困难。德国技术合作协会（German Technical Cooperation，GTZ）是 Zoubida Charrouf 在欧盟、乐施会和日本国际合作组织的支持下成立的机械化合作社。GTZ 1999 年向 27 名会员以每升 8 欧元支付了纯高品质阿甘油的收购价格，该油在高附加值国内外市场作为烹饪油进行了测

[①]从阿甘树果实中提取的油，不仅可用作药材、化妆品的原料，也可用于沙拉酱、汤、蘸酱等。阿甘树原产于摩洛哥西南部地区的阿尔加内雷生物圈保护区（Argangeraie Biosphere Reserve）。该品种能很好地适应贫瘠环境，目前被列为濒危物种。果实椭圆形，大小稍大于橄榄，外皮凹凸，呈带黑光的棕色。剥去厚厚的外皮，可以看到扁桃形、呈淡褐色的光滑种子，每个果实含有 1~3 颗种子。可以从中提取出纯净的氩油。

试、包装和销售。

　　阿甘油的供应链目前由其他地区的 100 家合作社试运营生产，这将统一提供给一个名为 ANCA（Association National des Coopératives Arganiéres）的保护协会，以提高 100 个合作社的关注度。国家协会细分为 4 个经济利益组织（Agadir、Essa ouira、Taroudant 和 Essaouira）和一个合作社，负责阿甘油的宣传和商业活动。

　　大型专用压油机可以将未炒的果实大豆加工成用于化妆品的油，也加工用于自然疗法的少量专用油。油的其他部分作为非食品产品直接销售，一些私营公司在旅游区有自己的卖场。其他公司销售给零售业、大型商业及连锁酒店、免税店及航空公司等。虽然有些公司所在的地区不符合聚集地区的认证标准，但它们仍然根据欧盟规定 No.2092/91 成功获得了有机认证。

　　截至 2008 年，摩洛哥的阿甘油尚未注册为地理标志（GI）。然而，法律项目 No.25/06 在 2007 年通过，为该产业提供了适当的法律框架。2008 年，根据这项新法律，成立了第一个阿甘油生产协会——IAMIGHA，并在同年 10 月完成了相关的工作规章制定。到 2009 年 1 月，该协会及其操作规范都获得了合法地位（Van-Ittersum et al.，2007）。

　　摩洛哥坚果油是一个非常惊人的成功案例。传统上主要由女性使用，当地销售的产品在几年时间成为世界知名产品。这些商业成功除了使女性劳动者增加收入外，还产生了其他作用，包括对石油化学特性的新科学知识、加工实践的技术改进以及建立以女性为基础的强大团体组织（West et al.，2003）。

　　值得注意的是，传统上由女性手工完成的某些生产工艺环节（如豆子的手工粉碎和油的提取）在逐步机械化时需要格外谨慎。虽然机械化有助于提高产量，但如果操作不慎，可能会导致产品质量下降，进而影响阿甘油的传统工艺特性（王笑冰 等，2007）。这种技术革新还引发了性别问题，并引领了女性抗议活动至今。在环境方面，案例研究指出，那些土地使用权和所有权体系复杂的国家面临特定的挑战。如果土地储备不稳定，长期项目（如阿甘树的种植）可能难以顺利实施，因为这些项目通常需要持续的土地投入和长时间的规划。

5.3 内蒙古羊绒羊毛

中国内蒙古羊绒羊毛有 50%以上的国际市场占有率，堪称"纤维之宝"，产品质量居世界之首。内蒙古的山羊绒羊毛有黑色、灰色、棕色、白色 4 种颜色。其四大山羊品种分别是乌珠穆沁白山羊、阿拉善白绒山羊、鄂尔多斯阿尔巴斯山羊和乌拉特二狼山白绒山羊。适合常年放牧饲养，是内蒙古山羊绒山羊牧民的主要收入来源。

内蒙古鄂尔多斯市是世界上最大的优质羊绒主产区，被誉为中国绒都，辖内有世界第二大羊绒生产商，其次是伊朗、阿富汗、南非、美国和澳大利亚（Yao，2014）。中国羊绒出口在国际市场上占有 75%的市场份额，是最大的羊绒生产国。内蒙古山羊绒羊毛的毛有 4 种，由粗毛和细毛组成。所以在国际市场上，原材料羊绒的价格，取决于是用绒毛羊绒加工的还是用脱毛羊绒加工的，加工后的羊绒产品价格差距很大。此外，随着时尚潮流的变化，价格也可能会出现大幅波动（Fan，2015）。

山羊到了秋天开始变冷时，在粗糙的毛发之间长出柔软的毛发，起到保暖作用，以抵抗冬天的寒冷。到了春天，柔软的毛就会脱落，只剩下粗糙的毛，这通常被称为毛鬃。羊绒是指在粗毛中生长的柔软纤细的毛。

春天到了，在自然换毛之前，用大铁梳子只把纤细的白毛捋下来。这是为了得到最优质的羊绒，过了这个时期就得不到最高级的羊绒了。羊绒的质量由直径和纤维长度来衡量，受气候影响很大。羊绒山羊在内蒙古所有地区都由牧民管理，在冬季最冷的西南部山区生产质量最佳。

内蒙古总人口的三分之一是山羊绒山羊牧民，收入较高。山羊绒山羊是珍贵的动物，每年平均生产 5100 千克山羊绒的 18 000 个牧户的收益最高（Su et al.，2011）。内蒙古的游牧业者可以将羊绒原料直接销售给内蒙古贸易商或内蒙古加工厂等。有 100 多名当地专业贸易人员从事原料流通，他们向当地的加工公司销售原材料羊绒。此外，加工公司还短期雇用代理在收获季节供应原料。

内蒙古羊绒加工 1997 年解除出口禁令，促使羊绒出口飙升。目前存在的主要羊绒厂有毛织加工公司等，从事原料加工、纺织、染色、服装制造等多个作业（Gui，2016）。最大的企业是"Gobi"公司，处理全部原材料羊绒生产的三分之一。第二大公司是"Buyan"，一家私营公司，每年最多可以处理 200 吨羊绒。第三家加工公司"San Shiro"也是私有的，每年生产 100 吨羊绒。

内蒙古羊绒加工公司是内蒙古在国内市场注册的自有商标，保护产品。在国际开发署（United States Agency for International Development，USAID）的支持下，内蒙古绒制品目前在欧盟、澳大利亚、新西兰和蒙古等国注册的认证标志下开发（Fabian et al.，2013）。认证标志的所有者是内蒙古羊绒及山羊协会。因此，为了在国际市场上推广内蒙古羊绒，有 4 家内蒙古羊绒公司加入其中，其中包括羊绒产品的最大制造商内蒙古羊绒和卡梅尔羊绒公司。这些公司加入了内蒙古纤维商标协会，在国际市场推广内蒙古羊绒（Stenn et al.，2001）、内蒙古纤维 Mark Society 两个品牌，分别是含有 100%纯高品质内蒙古羊绒的白色和染色品牌标签产品。黑色染色品牌将标签贴在包含 50%以上高品质内蒙古羊绒的产品上（Qi，2013）。

内蒙古使用"MGIL"标志认证标志，根据相关法律，按照商标及 GI 相关程序赋予内蒙古 GI 注册产品。认证标志的目的，是广泛宣传和介绍 GI 注册产品，并在内蒙古范围内对 GI 注册产品使用一个标志，以区别于类似产品的特定特性。每个产品都可以开发一个标志，特定的产品标志经常与 GI 的标志一起使用（Xiao，2010）。

在内蒙古经济中，羊绒产业的重要性是巨大的，因为它为三分之一以上的人口提供就业和收入。但是，正如前面所解释的那样，羊绒的潜在价值由于一些原因在当地产业中还没有得到很好的把握（Zhou，2016）。在这种开发状态下设置 GI 是一项非常困难的工作。原材料生产企业没有组织化，产业没有系统化到生产适当质量的加工羊绒产品。认证标志为宣传内蒙古羊绒的质量和履行工作纲领提供了很好的机会（Oshimori，2012）。这一措施提高了内蒙古羊绒产品的声誉，因此无论是否是认证标志的用户，都应该确保整个领域能够得到一定程度的扩展（Zhou，2016）。

GI 基于利益和信息共享，在游牧畜牧业者和加工公司之间具有建立长期关系和组织创新的优势。改善脱毛过程中的技术（给山羊梳绒是获得高品质加工羊绒的重要步骤）可以增加供应链中的价值创造（Costa et al.，2010）。

目前，羊绒市场已经打开，最优质羊绒按市场最高价格销售。游牧畜牧业者目前生产较高价值羊绒的热情空前（Wang，2014），但在这种体系下，高价将无法持续。如果当地的企业在未来几年无法提高容量利用率和处理损失并继续维持下去，可能面临停止运营问题，许多加工公司已经离开行业（Lei，2017）。这可以给中国国内购买者一个机会，把垄断权交给他们，降低他们向游牧畜牧业者支付的价格。在环境方面，牧区荒废将是目前内蒙古的主要威胁。游牧畜牧业者对这场生态灾难感到担忧，担心未来的可持续发展。在此形势下，GI 系统化的强大组织推动，将有助于结合短期经济和长期环境目标进行羊绒生产与销售（Bullard，2010）。

5.4 哥伦比亚咖啡

长期以来，绿色咖啡作为商品在国际市场上销售，烘焙和混合后其价值更高。原产地在消费者水平上已经成为发达国家咖啡促销的重要论据，GI 是认可原产地差异化的工具。

全世界有 50 多个发展中国家生产和出口咖啡。全球咖啡产量的三分之二以下由阿拉伯咖啡组成[①]，三分之一以上由罗布斯塔咖啡豆组成[②]。拉丁美洲阿拉比卡生产的阿拉比卡咖啡占世界咖啡产量的 70% 以上，罗布斯塔生产的咖啡豆占世界咖啡豆产量的 25%。其中亚洲销售占阿拉比卡咖啡生产的 5%，罗布斯塔生产的咖啡豆占 60%（Feng et al.，2014）。

咖啡价格随着世界生产和世界消费的平衡波动性很大。20 世纪 90 年代初，均衡为负，到 1998 年底国际市场价格有所上升，但 1997 年开始供应过剩，2002 年价格大幅下跌。数据显示，在随后的几年里，生产者和消费者价格之间的差距在增加。生产者的价格下降，而消费者的价格上升。这一现象被称为"咖啡

---

①它是一个代表性的咖啡品种，占世界咖啡产量的 60%~70%，原产地是埃塞俄比亚。

②作为咖啡（Coffea Canephora）的代表品种，占世界咖啡产量的 30%~40%。

悖论"（Carbone，2003）。

哥伦比亚是世界第三大咖啡生产国，仅次于第二大阿拉比卡咖啡生产国巴西和越南（USPTO，2007）。2017—2018年巴西的咖啡产量世界占比为30%，占全球产量的大部分，哥伦比亚咖啡占全球阿拉比卡咖啡产量的15%，其国内人均消费量为2.8千克，仅占全国咖啡产量的5%。因此，出口市场比国内市场更重要。哥伦比亚咖啡占全球咖啡总出口量的12%，巴西占31%，越南占15.7%。哥伦比亚咖啡的主要出口市场是日本，占35%，另外，德国1%、比利时13%、加拿大6%、美国5%，这5个国家占哥伦比亚咖啡总出口量的60%(Gracia et al.，2012）。哥伦比亚咖啡的产量和出口量稳定，2003年以来因世界咖啡价格上涨而获利巨大。

虽然哥伦比亚的其他地区也种植咖啡，但这些地区的种植规模仅根据农场的数量略有扩展。哥伦比亚咖啡指定产区的自然条件主要包括以下几点：第一，该地区位于热带地区，并且包含山地地形和丘陵区域，这里拥有多种气候条件和耕作区域。第二，由于一年两次的降雨，哥伦比亚咖啡具有每年两个生长周期，能够持续生产。第三，安第斯山脉的火山基座土壤富含有机物质，具有独特的质地，这种地质特性为哥伦比亚咖啡提供了优质生长环境。

规定510/2006中关于"Caféde Colombia"作为PGI的说明如下："Caféde Colombia"是在哥伦比亚咖啡种植区种植的咖啡，符合国家咖啡种植者委员会规定的出口标准，加工时具有以下特性：虽然不一定要在当地进行烘焙，但在此过程中，必须具有绿色"Caféde Colombia"（EC2006/C320/09）的本质官能特性。原产地证明和产品跟踪分多个阶段进行。要管理农场，必须向SICA（Sistema de Information Cafet ero）申报生产者。绿色咖啡的监控应由该法人执行，出口应由海关部门和咖啡种植者联盟授权检查的组织ALMACAFE监控。所有出口商都在外贸决策部登记。高品质的烤咖啡在国内外都受到多种机制的严格监控（EC2006/C320/09）。"Caféde Colombia"质量检测的责任检测机构是ALMACAFE。

根据《国家法》，属于安第斯共同体的国家，如哥伦比亚，在GI的范畴内，必须用两个法律概念区分来源和来源的标识。安第斯共同体的GI由有关工业企业的一般政权监管，根据 WTO 框架下 TRIPs 协定设定保护参数。该规范确立了获得 GI 保护的定义和程序（Guan，2016）。此外，还建立授予许可使用和观察权限相关规范的制度。Caféde Colombia 的原产地是 SIC（Superintendencia de Industriay Comercio），2005 年 3 月 4 日通过第 4819 号决议宣布的。

哥伦比亚是除欧盟外最早引入独立于现有商标法的地理标志（GI）系统的国家之一。该进程始于2004年12月，当时哥伦比亚全国咖啡种植者联合会（FNC）向政府提交了将"Caféde Colombia"认定为地理标志的申请。2005年2月，哥伦比亚政府批准了"Caféde Colombia"为原产地名称地理标志（D.O.-G.I）。到 2005 年 6 月，"Caféde Colombia"成为首个非欧盟国家的产品，成功将受保护地理标志（PGI）的认定应用于欧盟市场。保护哥伦比亚地理标志的相关法律依据是安第斯共同体的决议（Jiang，2012）。

FNC 设立了多个项目来提高哥伦比亚咖啡的质量，包括保护环境的项目。2002 年，哥伦比亚政府与 FNC 签署协议，为 13 个项目提供近 200 万美元，以保护哥伦比亚咖啡种植区的生物多样性。该项目与 CIAT（International Tropical Center of Tropical Agriculture）、CENICAFE（National Coffee Research Center）和 5 所国立大学建立了合作伙伴关系。CENICAFE 以开发可持续咖啡生产的清洁技术而闻名。

随着哥伦比亚咖啡地理标志的引入，"Caféde Colombia"的出口前景看好。然而，在咖啡价格稳步上涨的背景下，需要注意，GI 相关的差异化战略是否能在市场波动时取得长期成功，特别是在未来咖啡价格下跌时，GI 可能对经济产生更为可持续的影响。哥伦比亚全国咖啡种植者联合会（FNC）现有的供应链结构有助于其向欧盟委员会申请，将"Caféde Colombia"确立为受保护的地理标志产品。

通过商标战略，生产商可提供咖啡平均价格进行销售。值得一提的是，"哥伦比亚咖啡"和"朱安·瓦尔德兹"品牌在国际市场受到了消费者的高度认可。哥伦比亚作为"Cafédé GI（PGI），欧盟的哥伦比亚"是为了避免第三方误用"Caféde Colombia"这个好名字，目标是保护已经确立产品的经济价值。"哥伦比亚咖啡"和"朱安·瓦尔德兹"品牌通过精准的商标营销策略已经在国际市场上建立了广泛的声誉和认可。在"Caféde Colombia"地区烘焙并不一定需要执行，因此 PDO 无法保护，但在哥伦比亚烘焙咖啡豆，无论咖啡量如何，都可以创造高经济附加值。作为一个集体生产者组织，联盟已经建立了高效、系统化的供应链管理（通过 Almacafé 和农村发展目标来确保产品质量），这使得"Caféde Colombia"获得欧盟 PGI 认证仅用了不到一年的时间。在现有的供应链结构下，注册 PGI 带来的额外成本相对较低。FNC 的目标之一是通过欧洲共同体的价值分配体系，将更多利益回馈给生产者。为此，FNC 一直致力于通过教育和基础设施项目来提高咖啡种植者的生活质量，同时保护咖啡种植区的生物多样性（Hayes et al.，2000）。

5.5 爱达荷土豆

爱达荷州位于美国西北部,毗邻华盛顿州东部。爱达荷土豆(Idaho potatoes) 比普通土豆大，呈椭圆形。外皮浅褐色，色彩斑斓，籽眼较少，淀粉含量较高。爱达荷土豆可以烤，也可以做炸薯条、薯片等。

爱达荷土豆也被称为 Baking potato、Chef 's potato、Russet potato、Star chy potato 等。爱达荷州生产 30 多个土豆品种，其中 Russet Burbank 土豆品种很受欢迎。爱达荷州生产的土豆占美国土豆总产量的三分之一。据 2018 年统计，爱达荷州生产了 80 亿千克土豆。

爱达荷土豆 148 克中的营养成分完全不含脂肪和胆固醇,还含有维生素 B_6、维生素 C、钾、碳水化合物、纤维素、糖分、蛋白质、钙、铁、维生素 B_1、维生素 B_2、肾上腺素、葡萄糖、镁、锌、铜等。

爱达荷土豆生长时间长，块茎[①]比其他土豆硬得多、重得多，味道很好，含有丰富的镁和钾等，非常适合糖尿病患者食用。

美国将爱达荷土豆注册为 GI 产品，编号 1735559(认证商标爱达荷土豆)，

---

①地下的茎，起着储存器官的作用。地下茎肥大，变成肉质块状，在土豆或郁金香等中可见。

该注册是认证标志。商标由爱达荷州的地理术语 "Idaho" 和地理概要组成。商标的功能是证明土豆是在爱达荷州生产的，因此爱达荷州土豆委员会批准将其用作商标（Hayes，2000）。

作为认证机构，爱达荷州土豆委员会可以对想要使用认证标志的人任意制定标准。他们生产的土豆必须在爱达荷州种植，必须有一定的大小和颜色，必须在特定的条件下种植，甚至是特定的品种（Krystallis et al.，2005）。此外，只要符合认证委员会规定的要求和标准，任何人都有权使用认证标志。

美国商标法保护体系的特点是：

第一，GI 在商标法保护体系中被视为特别商标，GI 可以作为团体标志或认证标志的一种进行注册，被保护和注册的人可以根据商标权对假冒等行为追究法律责任。

第二，国家经常限制 GI 的商标注册人的资格。一般情况下，有法律权利的政府机关或民间团体有权申请注册并获得商标权。

第三，GI 的保护包括两个方面。首先，禁止将 GI 注册为普通商标；其次，允许通过注册认证标志或集体标志的方式来保护 GI。

第四，将 GI 分为商标注册原产地申请的保护和未经批准的原产地申请的保护两大类。

第五，在发生侵权时，商标注册人和 GI 持有人有权对侵权行为提起诉讼，以避免和减少损失。该模式利用现有的国际注册系统，保护 GI 和商标的法律权利，同时有效降低了管理和维权的成本。采用这种模式的国家通常需要拥有相对完整的商标法。

5.6 金华火腿

金华火腿生产地在中国浙江省金华市，位于金华江沿岸和钱塘江支流沿岸，也是金华至兰州铁路的支点，这里居住着 22 个少数民族，年均温度在 16.3~17.6℃ 之间，年降雨量在 1150 ~ 1909 毫米。

金华火腿是浙江省金华市特产，其色泽鲜艳、红白分明，瘦肉香咸带甜，肥肉香而不腻，美味可口，以色、香、味、形四绝闻名于世。其内含丰富的蛋白质和脂肪，多种维生素和矿物质，制作经历冬夏，经过发酵分解，有长达数月的发酵过程，在酸、碱或酶的共同作用下，能分解出多达18种氨基酸，其中8种是人体不能自行合成的必需氨基酸。

金华火腿是用盐腌制猪后腿肉并熏制的火腿，不同季节熏制的火腿名称不同，冬天做的叫"冬爽"，初春做的叫"春爽"，还有用前腿肉熏制的火腿叫"风膏"。

"金华火腿"于1979年被浦江县食品公司注册为商标，该商标于1983年转移至浙江省食品公司。这意味着位于金华市的火腿生产者在未经浙江省食品公司许可的情况下无权使用"金华火腿"一词。2002年8月28日，国家质量监督检验检疫总局发布2002年第84号公告，通过了对"金华火腿"原产地域产品保护申请的审查，批准自公告日起对金华火腿实施原产地域产品保护。2003年，浙江省食品公司起诉了上海市泰康食品有限公司（在其门店销售印有"金华火腿"商标的产品）及永康火腿厂（泰康门店所售火腿的生产单位），声称被告侵犯了自己的"金华火腿"商标的专用权，而被告则认为其依照原产地域产品保护的规定使用"金华火腿"，未侵犯原告的注册商标专用权。法院判决承认浙江省食品公司的商标权，但支持"金华火腿"作为 GI 合法使用。

虽然这场诉讼已经结束，但这种矛盾经常发生。其原因可以认为是法律和规定的矛盾（Yao et al., 2014）。值得一提的是，原中国国家林业局曾试图建立林产品 GI 系统，拟订的《林业产品地理标志管理办法（征求意见稿）》也已经发布，一旦施行，情况将更加复杂（Zhang et al., 2015）。

5.7 启示

本章案例研究回顾表明，世界各国在 GI 产品的市场表现和经济效益方面存在显著差异，这些差异不仅体现在食品产品上，还涉及非食品产品。无论如何，特定规模的生产和出口销售似乎是 GI 集团建设和监控成本正当化所必需的，案例研究旨在寻找 GI 系统的规律性。

第一，所有产品的主要目标是确保符合 TRIPs 协定的典型特性和正宗的 GI，并通过验证其在发达国家出口市场中的地理声誉，增强消费者的认可度。这些产品满足了部分消费者的特定需求，并因此获得他们的青睐与购买意愿。

第二，在所有案例研究中，都观察到了监测 GI 的组织。GI 系统协调企业家和小规模农民。合作伙伴之间的良好协调是 GI 从营销策略、促销和保护中获得经济利益的关键因素。

第三，发展中国家的 GI 合作是实用的，为了保护其宝贵的名字免受大企业的影响，对 GI 和认证标志的认知正在不断加强。

这项研究涉及加强目前国际 IP 对 GI 条款，包括对市场绩效和福利分配的影响问题。如果消费者缺乏有关 GI 和 GI 类似产品存在或特征的信息，GI 生产者则要明确考虑扩大市场需求方面的宣传与营销功能，这是解释 GI 进口国和 WTO 成员方目前关于国际市场 GI 规定争论的钥匙。美国和欧盟正在探索如何在既可以使用认证标志又可以使用商标的体系下，在竞争激烈的国际市场中保障产品质量，从而提升企业的知名度。这种研究结构进一步拓展，以分析集体品牌和企业品牌的知名度，并用于研究具有 GI 认同度的地区特色食品在认证和商标体系中的应用。由此得出以下主要结果：

第一，在存在不对称信息和道德风险问题的市场中，可靠的认证体系与只能使用个人商标的情况相比，减少了树立声誉的成本，带来利益。因此，认证提高了作为质量保证机制运行的评判能力。

第二，认证体系的设计在解决信息不对称问题上起着关键作用。从政策角度来看，本研究的结果对 WTO 有关 GI 的讨论和谈判产生了影响，特别是欧盟内部正在进行的产品质量政策改革。关于为 GI 提供知识产权保护的工具，偏向于使用基于认证标志名称的通用系统。

第三，支持传统生产方式的有效性，尤其是通过专业化生产，提供与特定地理区域无关的高品质产品。这种做法是保障欧盟制度持续运作的重要手段。

6 PDO 和 PGI 在农产品和食品国际化进程中的作用

本章分析 PDO 和 PGI 在意大利托斯卡纳一些中小规模农产品国际化过程中所能起到的作用，然后了解推动企业在国际市场上使用 PDO 和 PGI 的动机。特别需要了解地理标志在防止地理名称被滥用时的防御性作用，以及产品差异化和排他性对竞争对手的影响，并明确企业从原产地声誉中获益的机制。

6.1　国际市场原产地产品（OP）认证

在客户提出认证请求时，企业面临良好的商业前景，但必须积极适应各国严格且不同的法律法规要求。PDO 和 PGI 的效果，取决于产品的特性、片段化、组织化、团体组织的作用等，特别是企业的特性，可以找到适用的国际化工具来匹配。

原产地产品是指所有符合 TRIPs 协定对地理标志（GI）定义的产品，不论它们是否被 GI 标识或指定并进入市场流通。使用地理标志来标识原产地产品实际上是产品评估过程中的一个步骤，是由本地和非本地行为者的活动所促成的。这些产品的成功源于它们能够满足消费者对高品质、个性化农产品及食品的需求，重新发现并展现了古老文化传统的优越性，强调了农产品产地标识的重要性。规定 2081/92（已被规定 510/2006 取代）通过引入 PDO（原产地名称保护）和 PGI（地理标志保护），总结了这一战略性工具，以明确农产品的生产过程与其产地之间的关联性。近期经济文献关注的是如何使用适合 PDO 和 PGI 的营销策略，但迄今为止，还没有太多证据表明，PDO 和 PGI 的应用对农业食品公司的国际化有直接影响。由于生产 PDO 和 PGI 的企业大多为中小企业，它们在满足消费者需求的同时，在成本和供应可用性方面实施营销战略时往往面临挑战。

验证 PDO 和 PGI 在农产品公司国际化过程中的作用，并将其用于中国农产品 GI。也就是说，企业什么时候以及为什么要使用 PDO 和 PGI 在国际市场上销售？他们满意吗？PDO 和 PGI 在什么条件下是有助于企业国际化进程的宝贵工具？

以 PDO 和 PGI 产品的具体贡献为核心，结合原产地商品在国际市场中的作用，通过文献分析和案例研究表明，推动企业使用 PDO 的主要动力来自对这些标识的认可及满意度的提升。对国际标准化组织的调查，以及对 PDO 和 PGI 使用的成功因素和限制条件的分析表明，在一些新兴国家，随着国内市场的饱和和消费者购买力的提升，优质食品（quality food products，QFP）在新市场中的渗透迎来了重要机遇。特别是，原产地产品（origin products，OP）因其与产地的强关联性而具有独特的吸引力。在生产、通信和信息技术领域，消费者偏好和新技术全球化的趋势为农食品公司生产 OP 提供了国际化的新机遇（Moschini，2004）。农食品公司的国际化可以从两个不同角度进行分析。

第一，所有生产工艺的国际化。可以在海外市场设立新公司进行推动。例如，通过创业或收购获得海外企业 100% 的所有权，通过海外直接投资获得外国企业的资本参与等，或通过合作或合作投资参与全球市场，以不那么具有侵犯性的形式，或者更简单地将一个或多个生产工艺阶段本地化（Galavotti，2005）。

第二，商业流通体系的国际化与当今的生产过程日益紧密相关。为增加对海外市场的渗透，企业往往进行大量投资，尤其是在出口活动方面，这取决于目标市场和投资类型等因素。然而，农业食品公司需要借助合适的工具来充分利用国际化所带来的机会（Marette et al.，2005）。这些工具不仅包括对新生产设施等物理资产的投资，还涉及对更重要的非物理因素的投入，如品牌知名度和市场策略。此外，为了实现产品的创新和重新定位，企业还需加强能力管理（Galizzi，1995）。

商业流通体系的国际化，是农业食品公司生产 OP 国际化过程中相关性最高的方面。在大多数情况下，他们使用当地原料和当地经验来体现传统的生产工艺。因此，在大多数情况下，商业流通体系的国际化是不可能的，除非中断。基于原产地产品（OP）的特殊性，企业应更加专注于商业流通体系和市场营销，而非仅仅局限于生产过程（Moschini et al.，2008）。此外，生产 OP 的企业主要是中小企业，这往往不允许在产品的充足供应和成本方面实施"传统"营销战略，以调整消费者的需求。在打通长距离新市场方面，生产 OP 的中小企业遇到的困难往往源于不充分的营销和生产战略（Rao，2006）。

根据 Albisu（2002）的说法，许多属于 OP 供应链的公司倾向于以产品为导向，而不是以市场为导向，即使对产品的自豪感和对传统生产工艺的忠诚可以产生非常有价值的产品质量，但这并不是成功销售战略的保证。这是因为原产地产品（OP）的宣传成功依赖于有效营销战略的精心执行，消费者通过多种符号来确认其起源和可靠性，比如购买或消费场所的传递、产品的物理属性以及文化遗产等机制（Rangnekar et al.，2004）。特别是在国际市场上销售 OP 时，可能面临挑战，重点在于如何加强产品与其原产地的联系，以及正确理解"传统"和"典型"用语的意义。也就是说，消费者有一些想法，赋予具有不同文化背景和特征的农产品"一般性"。另一个问题可能由 OP 的误导或欺诈决定（Réquillart，2007）。

诺米萨最近与 INDICOD[①]一起发行了意大利 OP 名称的用途和误用相关报告（Nomisa，2005），试图测试意大利食品在美国市场的仿制品，并推测其（大规模）经济损失（Treet et al.，2004）。

6.2　GI 对 OP 国际化的预期贡献

商业流通体系市场的国际化意味着更复杂的交易，结果必须与增加消费者对食品质量、交易产品的行为，以及这些产品交易的战略相结合，以解决消费

---

①这是一个国家条形码识别号码。一般默认使用 8 位、12 位、13 位、14 位，前三位是国家代码，后四位是厂商代码，从下一位开始是产品识别代码。主要国家代码标记为 000-139 UCC（美国&加拿大）；300-379 GENCOD-EAN（法国），400-440 CCG（德国），450-459&490-499 Distribution Code Center-DCC（日本），460-469 UNISCAN-EAN 俄罗斯（俄罗斯联邦），480 PANC（菲律宾），500-509 E.centre（英国），520 HELLCAN-EAN HELLAS（希腊），539 EAN（爱尔兰），560 CODIPOR（葡萄牙），690-695 Article Numbering Centre of China-ANCC（中国），780 EAN（智利），789-790 EAN（巴西），800-839 INDICOD（意大利），840-849 AECOC（西班牙），880 EAN Korea（韩国）等。

者对不同类型、不同食品安全等信息问题的认识的不对称性。在规定和流通的意义上，国际市场的渗透，需要在以特定质量为特征的农业食品和差别化及价值化工具中，使用质量标志作为最低标准。此外，消费模式的差异化和信息需求的增加引导农业食品公司基于质量问题寻找竞争力（Umberger et al., 2003）。

这不仅有必要获得和管理更全球化的生产流程，获得供应链的控制权，也加大了对供应商的限制。此外，通过严格的质量标准（如 ISO9001、EurepGAP、IFS、BRC 等），这些标准通常是私有的公共或国际最低质量要求，限制了那些不具备足够设备、生产能力或支持服务的产品、生产者和国家，以降低潜在风险。根据消费者关注度提高的证据，有人主张，大型超市在关注地区及地区食品的同时，启动可以保持控制力的认证制度和标准。结果，全球化倾向于成为 GI 监管和认识计划的推动者（Belletti et al., 2006）。

规定 2081/92（已被规定 510/2006 取代）创建了 PDO 和 PGI，指出了农产品生产与其原产地之间的关联性，并确保对可能存在的误解使用 GI 保护，防止了产品的地理来源和可能存在误解的使用。规定 510/2006 提供 PDO 和 PGI，以宣传和区分与该地区相关的 QFP。在面对众多销售产品和丰富信息时，消费者应能够做出最佳选择。因此，必须为消费者提供清晰、简洁的产品原产地信息。

PDO 和 PGI 共享相同的规范体系和程序，为消费者提供相同的质量保证，并为生产者赋予相同的权利。然而，这两种标识的区别在于产品的质量特性与其命名地区的关联性。PDO 专门用于那些与特定地区的人文和自然因素（如气候、土壤质量以及当地知识等）有紧密联系的产品。相比之下，PGI 适用于那些与命名地区有一定联系但关联性相对较为灵活的产品。PDO 和 PGI 还涵盖一些特定小规模生产的商品，这些商品因其多样性或物种与环境之间的相互作用而具有独特的质量特征。然而，尽管注册食品对意大利农产品经济的贡献十分重要，但目前的潜力尚未完全发挥。意大利生产 PDO 和 PGI 的企业大多是中小型企业（SMEs）。

多数研究一直致力于分析 PDO 和 PGI 对生产者、消费者行为和供应链的影响，最近新的研究中增加了对地区发展、农村发展和环境影响的关注。使用适合 PDO 和 PGI 的营销策略最近被经济文献所提及，到目前为止，PDO 和 PGI 的应用对农产品国际化影响的证据并不多（Kuhfeld，2001）。

农业食品公司对 PDO 和 PGI 的关注度越来越高，其可能对国际市场产生的积极影响抱有很大期待。一些研究（Belletti，2001；Pacciani et al.，2003）强调 PDO 和 PGI 标签（labels）可以起到打开现代市场和远程商业流通体系的"钥匙"作用。PDO 和 PGI 标签可能对市场产生的潜在影响中有"市场清净效应"，因此，非正品 OP 除外，标签产品的声誉和可见性生产流程、现代和更畅通的商业流通体系（特别是信息差距更大的流通体系）非常重要。

由于 OP 系统的复杂性，如果市场上存在 PDO 或 PGI 等，可以在生产领域之外，为消费者和客户提供"再保险"（Tregear et al.，2004）。这种效果来源于在独立且合格的第三方认证机构和生产者之间建立的共享最低标准。这些标准通过减少信息不对称降低信息成本，并通过实践指南将道德风险降至最低（Anania，1999；Akerlof，1970）。以这种方式共享的最低标准提高了供应链生产与消费者之间的兼容性，并使其更容易进入新市场和新的商业流通体系（Belletti，2001）。从这个意义上说，PDO 和 PGI 对农业食品公司来说，可能是重要的竞争手段，他们希望进军长途新市场。实际上，国际市场和贸易的开放导致消费者信息需求的增加和卖家使用"光环国家效应"（Porretta，1992；Belletti et al.，2006）。

农产品中小企业进入新市场的困难，取决于与供应链管理相关的管理成本，以及用于与农民沟通的机会时间成本等交易成本（Coase，1937；Williamson，1975），包括调整潜在供应商或购买者（贸易方面）的测试费用，以及消费者方面的信息和研究费用等。从这个意义上说，使用 PDO 或 PGI 可以减少生产者和消费者的交易成本，有助于识别主题和产品属性。此外，伦理纲领的存在有助于农业食品公司优化管理流程，加强供应链各阶段的内部协调。这不仅提升了生产者管理技能的可信度，也为国际化战略的实施提供了支持。由于 PDO 和 PGI 具有集体层面的特性，财团等集体组织的存在往往能够扩大在海外市场上的计划、组织、领导和控制能力，同时增强集体营销的主导权（Canada et al.，2005）。

但是，国际化现象不必只考虑新市场或长距离市场的渗透过程。农业食品公司的国际化，也意味着通过其他方法从市场和经济两个层面进行全球整合（Nomisma，2005）。例如，OP 消费与旅游密切相关，特别是在意大利获得成功的葡萄酒和美食旅游（葡萄酒、橄榄油、奶酪）等。在典型的城市中产阶层，它与更一般的农村价值发现密切相关，这使得生产 PDO 和 PGI 的中小企业可以建立与其他部门的协同效应，如葡萄酒和美食路线，以及旅游和手工艺。为了生成网络 PDO 和 PGI，中小企业在大多数情况下需要加入 PDO 或 PGI 的应用和管理，参加与活动有关的联盟和协会，提高系统运行的层次与效益。

6.3 PDO 和 PGI 认证的目标和数据方法

地理保护的重点，在于 PDO 和 PGI 可以通过探索国际贸易的特定情况，并从生产角度分析其影响，进一步增强 GI 功能。在这方面：第一，参考国外市场，考察使用 PDO 和 PGI 农业食品公司的产销动机。第二，评估企业 PDO 和 PGI 出口对整个企业离职率的影响。第三，特色化的营销流通体系建设。第四，确认在激励方面使用地理名称公司的满意度。第五，认识管理名称（特别是财团）的团体组织的作用。

为了实现这一目标，我们进行了案例研究，重点分析了参与国际化战略的企业和团体。由于国际化的关注，参与企业在规模、海外市场的拓展以及商业流通体系的多样性上表现突出。同时，作为出口数据和财团，团体组织在推动预期成果方面发挥了重要作用（Umberger et al.，2003）。

因此，为了说明在国际化进程中使用 PDO 或 PGI 的影响，有关组织2005—2006 年在意大利著名葡萄酒原产地托斯卡纳进行了广泛深入的调查，其选出的 4 个研究案例中，以 Olio Toscano 的 PGI、Olio Chianti Classico 的 PDO、Pecorino 的 PDO、Prosto Toscano 的 PDO 等为基础进行了分析。在每个案例中，特别关注了企业、组织、面临的问题以及主要的商业流通体系。分析从产品特性入手，探讨了农业食品的生产系统，包括供应链的结构、功能和演变，特别强调了出口在其中的作用。同时，还分析了如何在国际市场上合理使用原产地名称。所选产品均为具有代表性的原产地农产品，并以 PDO 和 PGI 标识，展现了这些产品在国际市场上的吸引力，以及其在出口到托斯卡纳等知名葡萄酒产区时对名称认知度的影响。

使用 PDO 和 PGI 标识时，应选择生产和出口这些产品的公司，如橄榄油制造商、Pecorino Toscano PDO 奶酪制造商以及 Prosciutto Toscano PDO 火腿的制造商等，这些公司是出口导向型的 GI 产品生产者。

这些调研与其说是为了最大限度地获取有关特定主题的信息，不如说是创建了具有统计代表性的样本。调研揭示了一个重要事实，即在使用 PDO 或 PGI 的生产者国际化过程中，重点不仅在于收集数量数据，而是更关注与其他标志相关的问题和机会，深入了解他们的生产动机及消费者的满意度。调研从每个被选中的企业或财团的代表那里，收集产量、PDO 和 PGI 产品总公司的销售及海外销售额方面的数据，分析 PDO 和 PGI 产品的主要趋势，以掌握各种营销流通体系的机会和团体组织的作用，这些调研对于无法承担自身资源、经验、能力和管理技术的国际营销负担的小型企业非常有益（West et al.，2003）。

6.4　PDO 和 PGI 案例

本节的目的是简单说明与生产过程相关的农业食品公司类型、公司使用的营销流通体系、团体组织的作用，以及与国际化水平相关的生产系统的主要功能，特别注意认证的 PDO 和 PGI 产品。该产品往往是根据公司的结构和战略使用的营销流通体系，涉及生产公司总产量的一小部分。这些都是关于 PDO 和 PGI 本身的优势。在吸引消费者和顾客的关注方面，应特别注重企业的生产系统，尽管在同一生产系统内存在很多不同的系统，但要抓住其中关键的原产地系统。

6.4.1　托斯卡纳初榨橄榄油：维珍橄榄油 PGI

托斯卡纳特级初榨橄榄油是在意大利乃至世界上广受欢迎的产品。PGI 认证于 1998 年实施，目的是保护"托斯卡纳"橄榄油这一知名名称。橄榄油的生产系统由各类专家和非专家组成，包括橄榄种植者、橄榄加工厂、橄榄采摘者、合作商、中小型混合加工和灌装公司，其生产过程具有高度的分工合作性。在 2002 至 2003 年，共有 9900 吨橄榄来自橄榄种植者，244 家橄榄油工厂和 258 个认证瓶装商共同生产了 2500 吨获得 PGI 认证的橄榄油。

从由非常小的橄榄种植者直接销售，到大型企业向超市连锁店销售，都指向了异质性的营销渠道。PGI 总产量的 60% 以上通过大型流通企业销售，中间流通企业和批发企业紧随其后，通过直接渠道（直接销售给最终消费者）流通的产量仅为 4%。在国际上，出口托斯卡纳 PGI 橄榄油的主要渠道是外国的大型零售商和经纪人，若要向外国消费者增加销售，也要通过外国进口商或国家出口商。大多数企业都通过这个渠道出口（Louviere et al.，2000）。

托斯卡纳特级维珍橄榄油，是意大利公认的 PDO 和 PGI 中最具出口导向性的产品。2003 年，占总产量 66% 以上的销量依赖海外市场（Nomisma，2005），该产品在国际贸易中的数量和价值优势正在日渐凸显。托斯卡纳橄榄油的主要海外市场是非欧洲国家，最重要的市场以美国为代表，占 PGI 总出口量的 60% 以上（Loureiro et al.，2000）。由于供应链内生产系统的简化，财团的作用尤其与代表所有 Olio Toscano PGI 生产者的会员提供的服务有关（Alfnes et al.，2006）。

6.4.2　Chianti Classico Extra-维珍橄榄油 PDO

Chianti Classico 特级维珍橄榄油是一种新名称，2000 年获得 PDO，但以葡萄酒生产而闻名，享有很高的地方声誉。作为生产结构的第一阶段，橄榄种植在很多农场都非常细分，大部分由农场主经营。一些中等规模的农场，橄榄油不是主要产品[1]，因此专业化水平很低。PDO Chianti Classico Olive Oil 供应链由 258 名橄榄种植者（其中 19 名也生产橄榄米勒和瓶塞）、30 个橄榄米勒生

---

① 一般都是葡萄酒生产，但也有藏红花和薰衣草生产。

产者和 100 个瓶塞生产者组成，经常以合作组织的形式出现。2006 年，Chianti
Classico 橄榄油财团对所有生产者进行了统一分类，生产者不再根据各自的销
售渠道或混乱的市场信号销售产品，而是将所有橄榄油的生产统一认证为 PDO。
经过认证的产品约占当地橄榄油总产量的 20%（Albisu，2002）。特级维珍橄
榄油海外市场的主要商业渠道，是通过橄榄油生产商直接销售和进口批发商同
时进行，其最终销售市场，65%的产品出口到欧盟海外市场，如德国、法国、
英国、奥地利、比利时等地，35%的产品出口到美国、加拿大、瑞士、越南、
挪威等地（Alfnes et al.，2003）。

Chianti Classico PDO 国际化战略在 PDO 保护得到认可之前，已经被生产
者采用。实际上，大部分农场主要得益于整合商业渠道的葡萄酒 Chianti Classico
销售，与橄榄油一起已经在海外市场久负盛名。

6.4.3 佩科里诺·托斯卡纳 PDO

Pecorino Toscano 是一种典型的羊奶酪，在包括托斯卡纳、翁布里亚、拉齐
奥等地的广阔区域里生产[①]。这些经过明确定义和结构化的 GI 产品生产流程，
确保了产品能够以较大的数量进行生产和销售，并通过完善的商业渠道进入市
场（Belletti，2000）

在获得 PDO 之前，从 1954 年开始，Pecorino Toscano 被当地的保护系统
（denomination of origin，DO）保护。因此，羊奶酪长期以来被认为是需要防
止误用和欺诈的商品。传统上，为了保护在托斯卡纳生产并作为"托斯卡纳
Pecorino 奶酪"销售的 Pecorino 羊奶酪的其他类型，需要一个能包含和保护所
有这些异质产品的标志。因此，在 DO 保护制度出现后，生产者于 1996 年获得
PDO，并申请欧洲认可 GI 的保护。

Pecorino Toscano PDO 由生产不同种类奶酪的非专业乳制品工厂生产，
Pecorino 的特点是，它是由来自 PDO 地区饲养的牛奶生产的，产量较少。在

---

①在托斯卡纳和意大利其他地区饲养，这些地区包括对帕尔马和丹尼勒的 PDO Prosciutto 认可的饲养区域。

Pecorino Toscano PDO 奶酪生产系统中，供应链中的一些行为者与财团关联，其活动涉及 Pecorino Toscano PDO 的营销阶段，包括对会员的技术支持、牛奶和乳制品生产相关数据的记录和管理，以及宣传等。在海外市场，Pecorino Toscano PDO 奶酪的商业流通渠道多种多样，即使大部分的产品销售给了大型零售商，也主要是通过批发商间接销售，再直接销售给游客。在海外市场销售的 Pecorino Toscano PDO 奶酪，约占总 PDO 产量的 17%，从欧盟国家如英国、法国、德国、瑞典、奥地利、西班牙、希腊、丹麦、比利时、芬兰等国获得 81% 的收入，其余销售到美国、加拿大、澳大利亚、日本、中国、瑞士、卢森堡等地。

6.4.4 普鲁什托·斯卡诺 PDO

Prosciutto Toscano PDO 是一种生火腿，仅使用特定品种的猪肉制成，且这些猪必须在托斯卡纳指定地区饲养，火腿的生产也仅限于托斯卡纳。该产品与托斯卡纳的传统和地域紧密相连，特别是在调味和制作过程中体现出独特的工艺技巧。然而，由于该地区的养猪业规模较小，加之原材料成本较高，以及政府相关规定的限制，生产者在增加 PDO 产量方面面临挑战。

PDO Prosciutto Toscano 的生产系统包括 25 家生产商，涉及屠宰、腌制、风干和调味等多个制作环节。这些生产商将 PDO 产品的生产与其他类型的肉类制品（如萨拉米、香肠、新鲜肉类等）相结合，但也存在类似产品（例如使用非意大利猪肉制作的火腿）在市场上出现。为了保护原产地产品免受国内外不公平竞争的影响，所有生产商于 1990 年组建了一个联盟，以应对托斯卡纳火腿因廉价劣质替代品威胁而面临的销售危机。意大利原产地提出申请后，联盟于 1996 年获得了欧盟的 PDO 认证。PDO Prosciutto Toscano 现已成为意大利火腿市场的重要领导者之一，紧随最受欢迎的 PDO 火腿 Prosciutto di Parma 和 San Daniele 之后。尽管 PDO Prosciutto Toscano 凭借其独特的特性在国内市场中占据了一席之地，并不会与其他意大利火腿形成直接竞争，但在国内外市场上，许多模仿或同类产品仍然赢得了消费者的青睐。

几乎所有的 PDO 火腿产品都主要在国内市场销售，部分原因是国内市场对托斯卡纳火腿的特性和属性更为熟悉，另一个原因是企业无法生产足够数量的认证产品以支持海外销售。这导致出口对 Prosciutto Toscano PDO 系统的销售额影响较小。进军海外市场的公司数量较少，通常是每年生产 5 万~15 万个 PDO 火腿的大型企业。PDO 托斯卡纳火腿的平均出口比例仅为总 PDO 生产量的 4% 至 6%。此外，与其他公司在海外销售的产品相比，PDO 对整体销售额的出口贡献较小。Prosciutto Toscano PDO 公司主要通过进口商和出口商进行出口，直接销售渠道通常涉及旅游以外的工业领域，对这些公司来说影响较小。

6.5 PDO 和 PGI 认证在国际市场上的使用现状

PDO 和 PGI 在国际市场的作用分析脱离了生产者在国内和国际市场使用 PDO 和 PGI 的动机。通过文献分析，可以识别市场上 PDO 和 PGI 带来的几个主要功能：

第一，针对误用和滥用，保护受保护产品的地理名称（托斯卡纳大部分 OP 的现象）。

第二，响应特定客户的要求（中间商、进口商和出口商、海外大型零售商和购买者等）。

第三，确保比 PDO 或 PGI 类似产品更高的溢价。

第四，在现有国际商业流通渠道中，企业的销售额增加，并通过开拓新的商业渠道或地区市场（尤其是在海外大型零售商中的销售），减少市场不确定性。

第五，与 PDO 和 PGI 相关产品的交易和交易的不确定性减少。

第六，由于有团体组织负责代表 PDO 或 PGI 生产系统的协调、保护和宣传，企业能够从这些集体推广活动中受益，提升产品的市场认知度。

第七，为最终消费者提供更多的保证（产品跟踪和生产工艺）。

第八，在国际市场上可以有保护产品的差异化。

第九，可以利用受保护 PDO 和 PGI 产品地理原产地的声誉。

PDO 和 PGI 的主要功能非常多样，且在推动企业发展中起着重要作用。根据企业的特点、品牌名称以及目标市场的条件，企业选择的功能包括防御性作用（通过使用地理名称保护受保护产品免受滥用）和竞争者的差异化行为（产品差异化和享有盛誉的专有权）。这些功能还会影响 PDO 和 PGI 产品在商业层面的表现，例如提高受保护产品的市场周转率和价格，或为 PDO/PGI 产品开辟新的市场和商业分销渠道。

在评估上述功能后，第一阶段对企业在市场上使用 PDO/PGI 的动机，以及这些动机在国际化过程中对企业个人满意度的有效影响进行了评级。评级从最不重要到最重要，涵盖了各功能对动机的重要性，同时也评估了企业对这些功能的满意度，从不满意到非常满意。随后对收集到的动机和满意度数据进行了评分，并根据重要性和满意度水平计算了各功能对动机和满意度的平均指数。

通过这种方式，激励指数用于衡量生产者在国际市场上使用地理标志时，各功能的重要性分配的平均水平。而满意度指数则反映了企业对 PDO 和 PGI 成果的平均满意程度。该指数的评分范围从最低 1 分到最高 100 分。

为了更好地理解 PDO 和 PGI 在国际市场上的作用，对其进行分析。生产者一般对 GI 的推动力和国际市场的动力进行比较（图 6-1）。其中，在综合层面上出现了一些有趣的考虑事项。第一个常见的结果是，所有报告企业使用 PDO 和 PGI 的动机，在国际市场上的得分都高于平均水平，但对滥用地名的防御得分更高。最重要的区别在于地名的使用，它不仅能够通过欧洲标志为消费者提供质量保障，还能帮助企业获得高于国际市场上一般产品的声誉，尽管在某些情况下，声誉的提升对实际交付使用的影响似乎不那么重要。

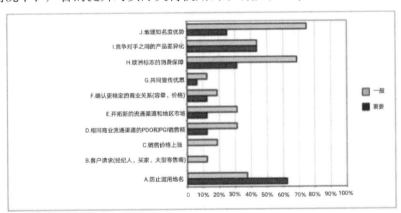

图 6-1　PDO 和 PGI 使用动机：PDO 和 PGI 的一般使用量与国际市场特定使用量之间的比较（图片来源：KITA.NET）

第二，众所周知，对滥用地名的防御在国际市场上非常重要。这种不同的态度可以解释为，在国际市场上，原产地的声誉对外国消费者的影响比已经知道产品和原产地的意大利消费者更大。但是，由于产品本身的臭名昭著，国家认为使用 PDO 来保护产品免受可能出现的更高滥用的影响更为重要。

国际市场的激励指数显示了通过 PDO 和 PGI 内在化的核心重要性是如何赋予攻击性动机和防御性动机的（图 6-2）。一方面，生产者声称他们使用 GI 来获得"托斯卡纳"地名，并将其与竞争对手的产品区别开来。另一方面是保护产品免受地理名称的滥用影响，通过欧洲标志保护消费者。

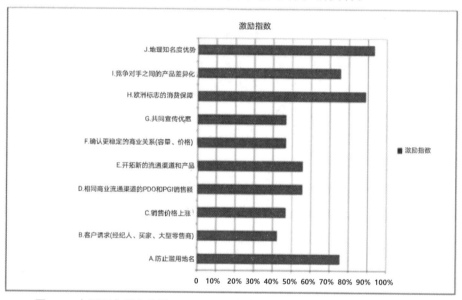

图 6-2　在国际市场上使用 PDO 和 PGI 的激励指数（图片来源：KITA.NET）

具体情况将在下一段中进行更详细的分析，涵盖单个企业生产的产品以及个人或系统层面的其他因素。根据企业的定位和营销结构，展示各公司不同战略的效果。

对 PDO 和 PGI 在国际市场上的成果进行的生产者满意度总体分析，不仅反映了欧洲地理标志的认可度，还展现了生产者对其知名度和声誉带来的影响的总体满意度（图 6-3）。然而，PDO 和 PGI 在国际市场上的一些意外功能主

要体现在营销领域，尤其是在保障产品原产地和特色时，越来越强调满足客户
对标志的要求。

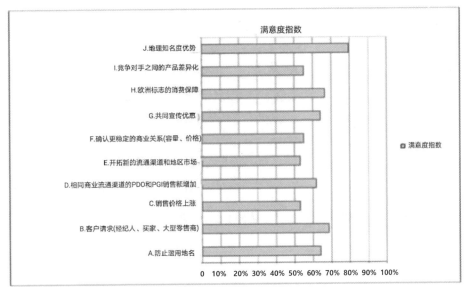

图 6-3 国际市场对 PDO 和 PGI 使用的满意度（图片来源：KITA.NET）

6.6 满意度和激励数据调查

在试图于国际市场上使用 PDO 和 PGI 的企业推进动机中（图 6-4），所选
案例的分析强调了防御性作用[1]。不仅仅是为了应对竞争对手的违规行为，这
些企业还在满足客户对生产标准的明确要求方面发挥了关键的"需求主导"作
用，尤其是在中间商、进口商、出口商和海外大型零售商中。

---

[1]在使用名称保护受保护产品不被滥用的功能方面，如享有产品差异化或原产地声誉优势的专有权的情况。

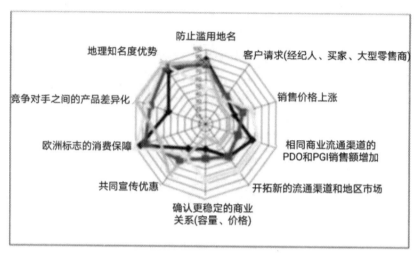

图 6-4　PDO 和 PGI 生产者满意度分析（图片来源：KITA.NET）

　　尽管如此，满意度等级（图 6-5）的测试向一方证明了期待和满意的一致性，就像使用 PDO 和 PGI 从特定地区的声誉中获益一样，或者通过欧洲标志向消费者保证一样。事实上 PDO 和 PGI 作为国际市场使用的重要动力，有一些功能没有被生产者识别出来。

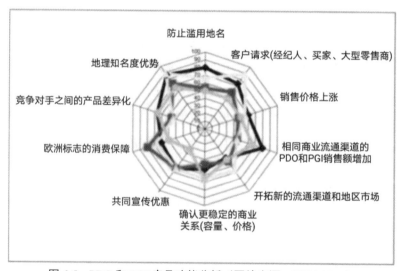

图 6-5　PDO 和 PGI 产品功能分析（图片来源：KITA.NET）

在这些功能中，主要作用是通过所有案例研究中显而易见的"对费用支出者的明确要求做出回应"来完成的。采用加权满意度指数来综合衡量 PDO 和 PGI 对多种案例研究国际化的影响。

PDO 和 PGI 各功能相关的满意度在激励方面与企业赋予它们的重要性有关。结果如图 6-6 所示。

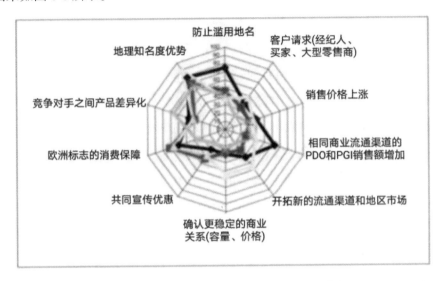

图 6-6　PDO 和 PGI 产品功能对企业满意度的影响分析（图片来源：KITA.NET）

如果在图形内使用权重作为动机，则平滑的动机会降低满意度，因此不会显示意想不到的功能。在图形中，每个多边形的不同区域形状强调了不同产品之间的各种 PDO 和 PGI 影响。正如企业已经认识到 PDO 和 PGI 对国际市场的影响一样，要知道这取决于生产者运营的其他战略。根据生产者对 PDO 和 PGI 角色的满意度分析，PDO 和 PGI 在国际市场上的实际影响往往与企业在资源投入上的预期目标不一致。

因此，Prosciutto Toscano PDO 和 Pecorino Toscano PDO 等的国际化战略展现了"攻势性"目标的流行，Toscano PGI 油和 Chianti Classico PDO 橄榄油则强调了"防御性"目标。

6.7　对企业绩效的成果影响

如前一节所述，关于动机和满意度的讨论标记在企业水平上构建为不同位置的平均值，可能会导致一些误解的结论。因此，在这一节中，我们将更深入地分析互联互通者通过激励识别的最重要功能的激励和满意度之间的关系。也就是说，从地名的名声中获得的利益、产品的声誉防御等。此外，还包括对地理标志名称的滥用和误解问题、消费者通过欧盟标志获得的质量保障、产品差别化、来自客户的 PDO 和 PGI 的明确要求（中间人、进口商 – 出口商、外国大型零售商的购买者）等。因此，参考 PDO 和 PGI 功能分配的重要性范围和对其有效成果的满意度范围这两个变量，构建了各主要检测功能的分布图。

图 6-7 中的第一个象限显示了企业对特定功能的动机通过令人满意的成果所满足的一致性区域。第二个象限是企业对该功能的高动机不满意的结果感到幻灭的区域。第三个象限为企业对功能的激励较低，不满意或几乎没有满意度的漠不关心领域。第四个象限代表企业对某项功能的激励较低，但却意外地获得了非常满意的结果（图 6-7）。

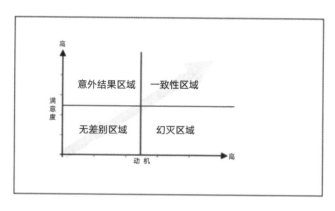

图 6-7　比较各种组合的一般解释：动机和满意度（图片来源：KITA.NET）

企业对国际化过程中不同功能的动机和满意度的多样态度，表明所有产品对地理名称声誉的重视以及在满足需求方面趋于一致的立场。

因此，对相关企业来说，声誉已经建立，这可能是合适的选择。此外，考虑到所使用的组合（Toscano 和 Chianti）的声誉，这种影响更强大，这也解释了为什么所有企业都处于一致性领域。

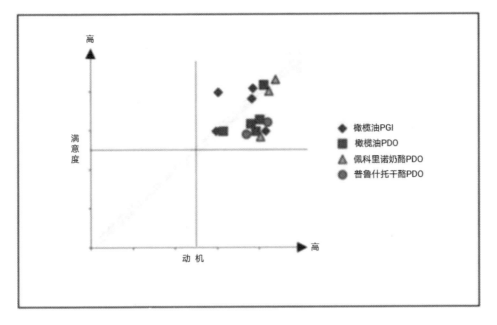

图 6-8　地理名称的声誉对动机和满意度的重要性（图片来源：KITA.NET）

此外，PDO 和 PGI 的相关功能在保护产品免受原产地名称被滥用和不公平竞争的影响方面起到了重要作用（见图 6-9）。大多数受访企业在激励方面对各功能的重要性表现出了较高的满意度，因此处于一致性领域。然而，一些企业期望的效果比他们实际达到的满意度更强，导致他们处于不满的领域。

在同一时期内，Olio Toscano PGI 公司中的满意度最高，特别是两家代表35%橄榄种植户的合作社，以及一些在国际市场上存在较小份额的生产者。调查显示，无论是对财团授权活动的期望，还是已经在国内和国际市场上确立品牌地位的企业，整体满意度都较低。

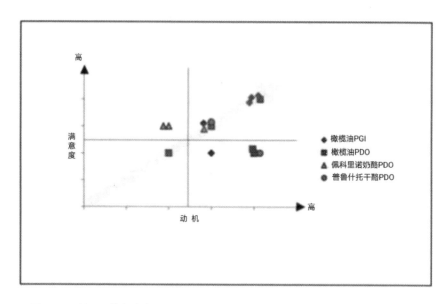

图 6-9 动机和满意度水平在防止地理名称滥用和产品原产地误解方面的比较
（图片来源：KITA.NET）

以 PDO Olio Chianti Classico 为例，大多数生产者的满意度与预期相符，但总体满意度仍处于较低到中等水平，这在一定程度上与成员对该体系（自 2000 年）较新的认知有关。

这主要归因于制度和制裁体系的影响。在最终消费者对产品的信任方面，欧盟标志的存在对 PDO 和 PGI 产生了重要影响，再看图 6-10 的分布，可以看出企业一半以上位于动机高、满意度低的领域。这是因为，除了欧洲 PGI 和 PDO 的国际法律价值仍然只在欧洲得到认可之外，有关标志意义（产品可追踪性、编码的生产流程）的信息较少。以 Olio Toscano PGI 为例，必须强调生产者在保障最终外国消费者方面期待 PGI 取得良好成果。Olio Toscano PGI 最满意的公司是两家主要生产商和出口商（合作伙伴），对于 Olio Chianti Classico，企业有更高的满意度。

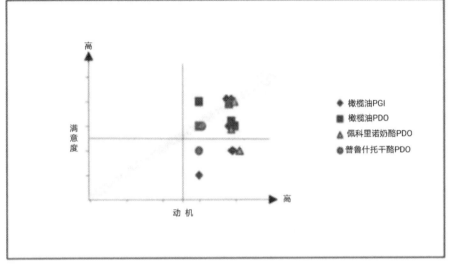

图 6-10　通过欧盟标志保护最终消费者的动机与满意度之间的重要性比例

（图片来源：KITA.NET）

关于 PDO 和 PGI 对海外市场产品差异化的影响，考虑到大部分企业还被评级为从中到最大的重要因素，对这一功能不太满意（图 6-11）。因此，除了位于高满意度的 Olio Toscano PGI 生产者之外，PDO 和 PGI 在海外市场并没有出现强有力的差异化杠杆。出于之前的考虑，对于 Olio Toscano 来说，大多数对 PGI 成果感到满意的生产者是在海外销售的两家主要企业，而那些位于激励和满意度较低地区的企业则是通过强调他们自己的品牌而在市场上销售其产品。对于 PDO Tuscano 火腿，由于还有另一种意大利火腿被标记为 PDO 名称 Parma 火腿，生产者尤其感到难以与竞争对手区别开来。该产品在国际市场上的销售时间比托斯卡纳火腿长，口碑更好，广为人知，似乎降低了原产地的标价，这使得托斯卡纳火腿生产者更难向市场宣传他们的火腿的特性。

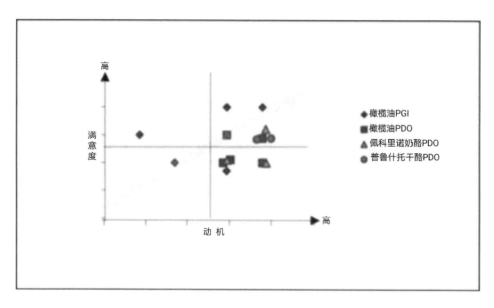

图 6-11　受访企业对产品差异化的动机与满意度分析（图片来源：KITA.NET）

　　该调查的相关结果源于 PDO 作为要求客户（经销商、进口和出口商、外国大型流通企业的购买者）商品化的标准的作用（图 6-12）。这被认为是最出乎意料的能力，从激励的角度来看，受访者对其重要性的分配被认为是最成功的因素。Pecorino Toscano PDO 的生产者都是 Prosciutto Toscano PDO 生产系统的主要出口国，位于"不可预测"区域。在同步性和重要性评估的对比中，Olio Toscano PGI 的表现仍然突出。在这一功能上，最满意的公司主要是两家合作社。如果 Olio Chianti Classico PDO 的生产者通过参与 PDO 来满足客户需求，并在贸易市场上产生了显著影响，那么那些不期望在流通行业标准方面取得太大效果的公司，主要是已经在葡萄酒领域实施了强大国际营销战略的葡萄酒生产商，而不是专门从事橄榄油的公司。

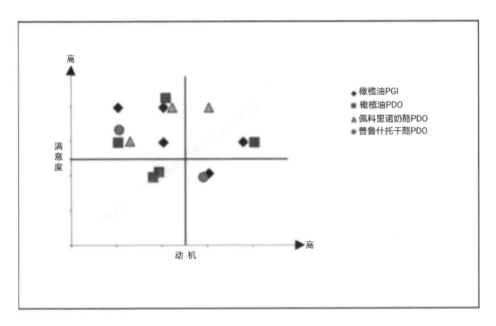

图 6-12　比较客户明确的请求动机和满意度的重要性（图片来源：KITA.NET）

　　根据这些结果和在产品系统级别进行的分析的结果，可以看到每个案例研究的几个综合考虑事项。对于出口在总销量中占较大比例的托斯卡纳橄榄油来说，PGI 的存在至关重要，生产者需要通过托斯卡纳的良好声誉获利，并提升其应对市场需求变化的能力和灵活性。尽管如此，PGI 作为对抗不公平竞争的防御性工具，尽管满意指数达到了很好的等级，但生产者在比较与该功能相关联的重要性时，还没有满意。笔者认为这可能取决于控制系统的效果和管理滥用及误解产品的机制。Olio Toscano PGI 的生产者还展现了 GI 在海外市场应用的最广泛"意外"功能。此外，作为生产系统最国际化企业的 PGI 产品，非常专业化的生产者对大多数 PGI 功能的满意度最高。

　　在 Chianti Classico 橄榄油的案例研究中，国际市场上使用原产地标记主要是为了利用产品地理声誉，这帮助认证产品的生产者在海外销售中获得了较高的满意度。然而，尽管 PDO 并未被所有生产者视为产品差异化的有效工具，也对信号传递作用有限，但它在集体系统中起到了一定作用，并为购买者、中间商和进口商提供了重要的质量标准。通过将生产区域与第三方认证流程相结合，促销活动尤其能够在 Chianti Classico 橄榄油和葡萄酒之间创造协同效应，借助"光环效应"提升橄榄油的声誉，从而增强 PDO 产品在最终市场的销售能力。

Pecorino Toscano 奶酪案例强调，得益于国际市场零售商普遍认可的标准，正品奶酪原产地保护名称逐渐成为渗透国际市场的重要工具。但是，如果消费者对 PDO 标记的认识较低，使用 PDO 来保障差异化工具，对生产者和消费者都是降低收益的。

对于 Prosciutto Toscano PDO，与防御性角色（使用地理原产地的独占权）相关的功能和与攻击性类别（产品差异化）相关的功能都表现出了不满意。尽管如此，在相同的商业流通渠道中，价格上涨和 PDO 出口的回报有所提升，同时开拓了新的商业渠道，并促进了地区市场的发展。最后，喜欢 PDO 产品的外国大型零售商的购买者在接受 PDO 时，必须对中间人的要求标准（如合理的正当化进口和出口商对商业关系的持续影响）做出正确的生产工艺响应，以提供稳定的特性产品，这个 PDO 功能可能与支持相关公司活动财团的作用密切相关。

如果没有财团强力参与活动宣传，仅 PDO 和 PGI 标识不足以进行团体宣传，这需要在使用 PDO 或 PGI 标识之前进行规划，这样可以加强之前的促销活动。但是，在意大利，财团在生产一般产品的公司中扮演着重要角色，是 PDO 或 PGI 认证的关键支柱。财团在收集大量重要的 PDO 或 PGI 产品方面发挥了关键作用，同时通过推动企业在市场上采用共同战略，在关税和贸易谈判中增强其成员的合同谈判能力。

6.8 启示

PDO 和 PGI 可以被作为国际化工具，但其效果取决于产品的声誉、原产地的声誉（光环国家效应）、客户对 PDO 提供保证的重要性、PGI 认证（连接营销流通渠道，特别是现代流通渠道的结构）、企业实施 PDO-PGI 营销战略的能力、组织（如财团）的效果等。

事实上，关于 PDO 和 PGI 所表达的动机，生产者的满意度分析提供了非常多样和复杂的情况作为证据，不能只通过"产品要素（product key）"来解释。研究发现，在不同生产系统（多样性）和相同农业食品的企业之间，协会的影响存在差异。多样性不仅取决于供应链组织，还取决于产品的声誉和原产地，而内部多样性在层次、组织、目标、产量、可用性等方面与同一生产系统的企业异质性有关。

以自主品牌在海外市场享有盛誉的企业，对 PDO 或 PGI 不感兴趣，导致 PDO 和 PGI 与企业的品牌声誉之间产生矛盾，而 PDO 和 PGI 最专业化的生产商，往往从出口导向的角度，对更多受保护产品表现出高水平的激励和满意度。此外，由于生产 PDO 和 PGI 的公司大多是中小企业，其专业技术和知识水平往往不足以满足国际化进程的要求。在这种情况下，团体组织（如 Olio Toscano PGI）可以发挥关键作用，帮助这些企业克服技术和知识的不足，支持它们在国际市场上的发展。

实际上，团体组织（生产者合作社和财团）在组织生产系统、管理欧洲认证和支持相关公司的国际活动方面可以发挥重要作用。具体来说，PDO 和 PGI 的国际化方法程序可能会直接、间接在国际上影响集体促销活动的开展，应支持生产者考虑生产流程或采用一般管理方法，参与其他地区的本地网络构建。特别是关于国际化战略，财团应该支持企业加强力量，整合解决在海外市场运营的结构性能力不足问题。

总体研究结果显示，PDO 和 PGI 对地理产品品牌的声誉和生产者的利润分配带来了显著的利益。在满意度方面，意想不到的结果（考虑激励水平）显示，应客户（经纪人、进口和出口企业以及大型零售商的购买者）的要求，在海外市场使用 PDO 或 PGI，作为第三方控制机构普遍认可和认证的质量标准，PDO 和 PGI 的标识效应与经济效益呈正向提升，其重要性对供应链中不同行为者之间关系稳定起到积极作用，全球满意度随之提升。

PDO 或 PGI 标记除了认证产品的有效原产地和生产工艺外，还为专业运营商承担着大量的标准执行功能。也就是说，PDO 和 PGI 本身就意味着对国际市场的准入，在原产地产品中存在很多结构性组织障碍和其他严苛前提条件下，相关企业很难达到其国际化目标。因此，政策制定者应该考虑到这些实际情况，通过及时修订出台有效可行的措施来提高 PDO 和 PGI 在国际化战略中的影响。对此，不仅要在最终销售市场上投资增加消费者信息资本，还要向企业提供面对国际市场所需的功能。

7 中国农产品 GI 保护体系的措施

本章介绍了中国的 GI 使用，重点是帮助消费者了解具有地域特性的特定产品原产地。中国 GI 产品和一些商标及标签一样，希望在市场上获得品牌效应，但消费者对 GI 认证不同种类产品的购买意向存在着较大差异。因此，在中国国内某些市场的影响力有限的情况下，GI 进口国的国内消费者，即使政府进一步加强现有的 GI 政策，也难以从中获得显著的利益。

7.1 中国地理标志（GI）农产品现状

中国对农产品 GI 的保护始于 1985 年 3 月加入《巴黎公约》。这一举措标志着中国开始重视并参与全球知识产权保护体系，尤其是地理标志产品的保护。1999 年，国家质量技术监督局颁布了《原产地域产品保护规定》，是我国第一部专门规定地理标志名称保护制度的部门规章。2001 年修订的商标法是唯一与地理标志直接相关的法律。

最初，地理标志由国家质量技术监督局、工商总局和农业部管理。2018 年 3 月，国务院机构改革将这些职责整合到了农业农村部和国家知识产权局。这些机构发布了新的法规和标准，如《地理标志保护工程实施方案》，进一步完善了地理标志的保护和认证体系。目前，国家知识产权局负责地理标志产品，农业农村部负责农产品地理标志产品。

从农产品地理标志产品的地域分布看，山东、河南、四川、湖北等省数量较多，主要集中于东部省区。消费者认知度较高的水果、蔬菜、中药材、茶叶四大类产品占农产品地理标志总量的 50% 以上。从品种注册看，蔬菜、粮食、鹿、蜂、虫、蛇、蛙类较多选择农业农村部申请注册；水果、观赏园艺、猪、猪肉、家禽、茶叶（含咖啡）、海产品、中药材、淡水产品等注重品质、产地要素的农产品，则较多选择国家市场监督管理总局申报注册。截至 2024 年 5 月，国家累计批准地理标志产品 2512 个，累计核准地理标志作为集体商标、证明商标注册 7378 件，核准使用地理标志经营主体 27 927 家。

中国在不同地区的山、平原及高原上分布着广阔的农田，因此，不同原产地的同一种农产品具有不同的特征，所以中国 GI 的功能之一就是要帮助消费者熟悉了解具有地区特征特定产品的原产地。

中国 GI 研究组织对中国国家保护 GI 产品进行的问卷调查显示，通过 GI 认证的水果产品占总 GI 产品的 38.35%，通过 GI 认证的植物性和发酵产品占 15.13%。此外，葡萄酒产品占 6.5%，中草药占 5.5%。GI 农产品越来越受到中国生产者和消费者的关注。过去几年里，越来越多的中国消费者开始关注 GI 产品，GI 产品开始像一些商标和标签一样在市场上产生品牌效应。学者们也把重点放在了中国的 GI 上，但中国国内学者进行的相关研究仍较多聚焦在经济领域。

GI 农产品有很强的经济优势，但很少有学者从商业管理和客户行为的角度进行研究。张国成等人基于顾客认识的价值理论和对农产品特性的研究，发现顾客认识的价值有 5 个构成要素，即功能价值、经济价值、安全价值、环境亲和性价值及情感价值等，这些因素对消费者行为都会产生影响。张健等人发现，消费者对 GI 的信任度决定了购买地理认证农产品的意图。同时，消费者对政府农业部门的信任度也影响着消费者的购买行为。

对苹果及其他农产品进行实验性分析，陈玉兰等人分析了阿克苏[①]苹果的购买行为，研究发现，性别、年龄、教育水平及收入水平等人口统计学差异较大影响着消费者对 GI 产品的购买行为。张国正等人对湖南益阳进行专题调研，研究了消费者对安化[②]红茶的购买意图，结果显示，消费者对农产品 GI 的认知度较低，很多消费者甚至没有听说过本地区的 GI 产品。该研究还发现，消费

---

①阿克苏是中国新疆维吾尔自治区的一座绿洲城市，位于塔里木盆地北部塔里木河支流阿克苏河东岸，阿克苏河在维吾尔语中是"白河"的意思。天山南路是沿边的交通要道，早在公元前就有聚落，以利用天山山脉的矿产资源进行铸铁冶金而闻名。目前，通过灌溉种植棉花水稻很兴盛，利用附近产出的羊毛生产毛织毡等工业也很活跃。

②安化是中国湖南省益阳市的一个县。

者对 GI 产品的理解对消费者消费意图有很大影响。

此前对 GI 产品消费的研究主要集中在水果和茶等特定产品上，其他类型的产品参与较少，几乎没有注意消费者对 GI 认证的不同种类产品的购买意向的差异。

中国历史悠久，幅员辽阔，自然环境复杂多样。数千年来，中华文明培育了很多种类的地区特产，GI 的资源非常丰富。随着人民生活水平的提高和对优质生活的追求提升，GI 产品越来越受到消费者青睐。

GI 保护对增加 GI 生产者收入、保护消费者权利、改善生态环境、改善 IP 开发意义重大。中国是世界贸易组织（WTO）的成员，必须履行 TRIPs 协定。但中国对 GI 保护的研究起步较晚，目前的法律法规不系统。GI 法的缺陷阻碍了中国的 GI 开发，目前需要分析保护方法，发现问题并找到解决方法。

7.2   消费者对中国 GI 产品的购买意愿

该调查在北京、四川、广西、广东、宁夏、山东等地实施，涵盖了中国所有重要经济区域。

表 7-1   中国消费者对 GI 产品的认知

对中国 GI 产品的认知程度	百分比/%
1.完全没有	13.33
2.没有	33.02
3.一般	25.08
4.有	18.10
5.有很多	10.48
合计	100

从表 7-1 可以看出，只有 28.58% 的受访者熟悉或知道 GI 产品，46.35% 的受访者不知道或完全不知道 GI 产品。与 2013 年 Shang 等人进行的调查相比，一无所知者的比例从 20% 减少到 13.33%，表明中国消费者对 GI 的认知正在逐渐提升。

表 7-2　GI 产品的用途

用途	百分比/%
作为礼物用	55.87
自行使用	17.78
机构产品采购	26.35
合计	100

从表 7-2 来看，55.87% 的消费者购买 GI 产品作为礼品，只有 17.78% 的消费者在为自己的用途购买 GI 产品，这反映了购买 GI 产品的中国消费者的消费习惯。张国正等人（2012）的研究显示，大部分消费者说他们购买茶是为了自己和家人。但根据上表显示的结果，如果要求消费者使用所有种类的 GI 产品而不是特定产品，如安化红茶，购买目的可能会发生变化。也就是说，更多的消费者选择购买 GI 产品作为礼物，而直接购买使用 GI 产品的人较少。

表 7-3　消费者对 4 种 GI 产品的平均购买意向

产品	WTP	WTP 平均值/%	百分比/%
蔬菜和水果	20%以下		11.11
	20%~30%		26.03
	30%~40%	33.318	37.46
	40%~50%		19.37
	50%以上		6.03
中药材	20%以下		9.84
	20%~30%		25.40
	30%~40%	33.286	41.90
	40%~50%		17.78
	50%以上		5.08

续表

产品	WTP	WTP 平均值/%	百分比/%
葡萄酒	20%以下		11.75
	20%~30%		25.08
	30%~40%	33.316	40.00
	40%~50%		14.60
	50%以上		8.57
茶	20%以下		10.16
	20%~30%		23.81
	30%~40%	33.603	41.90
	40%~50%		18.10
	50%以上		6.03

注：WIP 为受益者负担。

根据表 7-3，消费者对 4 种 GI 产品的购买意向在 33%~34%之间。值得一提的是，对茶的平均购买意向为 33.603%，在 4 种产品中最高，而对中药材的平均购买意向较低，为 33.286%。

7.3　中国地理标志（GI）农产品相关法律体系

7.3.1　《中华人民共和国商标法》

中国最早的商标法于 1982 年颁布，1993 年首次修订，根据实施规定，商标局批准、注册的集体商标和证明商标受法律保护。2003 年，中华人民共和国国家工商行政管理总局（State Administration for Industry and Commerce，SAIC）公布了集体商标和证明商标的注册及管理相关措施。

2001 年中国加入 WTO，为了满足 WTO 的要求，对商标法进行了第二次修改，增加了有关 GI 保护的特定条款。商标法将 GI 标记为 "识别商品源于特定领域，特定质量、声誉或其他商品的特性本质上源于该领域的自然或人为因素"。商标法的履行规定仅限于 GI 规定可以注册为集体商标或认证商标的情况。

7.3.2 《地理标志产品保护规定》

1999 年 8 月，国家质量技术监督局公布了有关保护原产地产品的规定，这是中国最早的以原产地保护产品的规定。两年后，国家出入境检验检疫总局公布了原产地管理的相关规定（Zhang，2006）。2001 年 4 月 10 日，国务院将国家质量技术监督局和出入境检验检疫局并入中华人民共和国国家质量监督检验检疫总局（AQSIQ）。

显然，有两个规定的一个部门有可能发生冲突。2004 年 10 月，AQSIQ 成立了专门负责 GI 管理的办事处。2005 年 5 月，AQSIQ 公布了 GI 保护产品的规定，以原产地标志替代了原有的产品保护规定，尽管原产地管理规定仍然有效，但其适用范围受到 GI 产品保护规定的制约。

2023 年，国家知识产权局（China National Intellectual Property，CNIPA）发布《地理标志产品保护办法》，规定了地理标志产品的保护措施、认证程序和监督管理，进一步明确了地理标志产品的定义、基本特征以及不予认证的情况，优化了认证和异议处理程序。

7.3.3 《中华人民共和国农产品质量安全法》

《中华人民共和国农产品质量安全法》于 2006 年 4 月 29 日由第十届全国人民代表大会常务委员会第二十一次会议通过，并于 2006 年 11 月 1 日开始实施。这一法律的实施旨在加强对农产品质量安全的监督管理，保障农产品的质量安全，保护消费者的合法权益，促进农业和农村经济的可持续发展。法律规定了农产品生产经营者的责任、政府的监督管理职责以及农产品质量安全事故的处理机制。

2007 年 12 月，农业部发布了农产品 GI 管理方法及农产品 GI 登记程序，明确了农产品 GI 使用规格，还设立了 GI 办事处来管理 GI 相关业务（Zhang et al.，2017）。

与商标法和 GI 产品保护条款不同，农产品 GI 管理措施仅适用于农业的主要产品，包括植物、动物、微生物及其产品。

据 SAIC 统计，截至 2014 年底注册或事先调查的 2697 个 GI 商标中，85%以上用于农产品（图 7-1）。

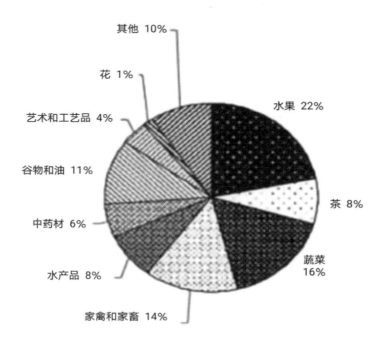

图 7-1　在 SAIC 中注册的 GI 类别（来源：中华人民共和国国家工商行政管理总局）

7.3.4　其他法律

在中国，《地理标志产品保护办法》《中华人民共和国食品安全法》《中华人民共和国反不正当竞争法》《中华人民共和国消费者权益保护法》《中华人民共和国产品质量法》《中华人民共和国农业法》等法律保护地理标志（GI）。

这些法律符合 TRIPs 协定的 GI 保护原则，重点在于产品的原产地标注，即产品质量、声誉或其他特性与其地理来源之间的关系。换句话说，这些法律中的 GI 保护不等同于知识产权保护。

7.4　中国地理标志农产品 GI 保护法律体系的不足

7.4.1　未完全满足 TRIPs 协定要求

目前，中国保护 GI 的法律制度还没有完全满足 TRIPs 协定的要求。

第一，GI 对葡萄酒和酒类的保护不充分。TRIPs 协定第 22 条禁止使用 GI，除非 GI 存在误解。第 23 条进一步保护葡萄酒和酒类的 GI。即使产品的实际原产地被标注或 GI 用于翻译，或者伴随着"种类""类型""方式""模仿"等字样，也必须向会员提供法律手段，禁止在未标注的葡萄酒或酒类中使用 GI。根据商标法的相关规定，只有在存在误导或混淆的情况下，才可以防止在葡萄酒或酒类中使用地理标志（GI）。换句话说，就像 TRIPs 协定一样，不能进一步保护葡萄酒和酒类的 GI。

第二，有关场所名称商标的条款不符合 TRIPs 协定。商标法第 6 条规定："县级以上（含县级）行政区划名称和公众知晓的外国地名，不得作为商标。使用前款规定名称已经核准注册的商标继续有效。"但行政区域级别以下的场所名称却难以得到保护。因为中国行政区域级别以下的地区有很多 GI，如在 GI "Dengcun Green Tea" 中，"Dengcun" 位于湖北省宜昌市，城市、村庄甚至更小的地区都拥有当地闻名的特产。也就是说，如果这些地点的名称由特定公司、个人或组织注册为商标，则对其他有潜在 GI 需求的地域生产者来说并不合理。

第三，TRIPs 协定第 22 条规定：本协议所称"地理标志"是表明某一货物来源于一成员的领土或该领土内的一个地区或地方的标记，而该货物所具有的质量、声誉或者其他特性实质上归因于其地理来源。通俗讲，地理标志是因特定地理区域内的水土等地理来源而产生的高质量高声誉的物产，属于知名度较高的特产，如西湖龙井等地理标志。实际出现的问题是，借用地理标志生产的地区、企业或个人使用受保护的 GI，虚假标示产品来源地，在中国现行法律中缺少处理这种情况的规定。

7.4.2 法律保护力度不足

现有法律体系对地理标志产品的保护力度相对不足。假冒伪劣产品仍然存在，这不仅损害了合法生产者的利益，也影响了消费者的信任度。商标法规定了地理标志可以作为集体商标或证明商标进行注册，但在实际操作中，由于地理标志涉及地理来源和产品特性的关联性，假冒产品往往仅在细节上与正品不同，导致侵权认定复杂；罚款力度有限，对于假冒地理标志的处罚力度不够，未能有效遏制假冒行为。武夷岩茶假冒事件就是典型的例子。武夷岩茶是中国知名的地理标志产品，市场上常出现假冒伪劣产品。2018 年，福建省市场监管部门查处了一批假冒武夷岩茶的案件，这些假茶的生产者未经认证使用"武夷岩茶"标志，质量远低于真正的武夷岩茶，严重损害了正品的声誉。

7.4.3 国际保护力度不足

尽管中国在推动地理标志产品国际保护方面做出了努力，但在国际市场上仍面临一些挑战。国际上的地理标志保护机制和中国的保护机制在标准和执行上存在差异，影响了中国地理标志产品的全球市场竞争力。2021 年 3 月，《中欧地理标志协定》生效，保护约 200 个中欧农产品名称，防止其被仿冒和盗用。这一协定旨在确保双方贸易利益。然而，该过程中暴露出两地标准和执行机制的差异，使得市场准入和保护变得复杂。例如，安吉白茶是受《中欧地理标志协定》保护的中国地理标志产品之一，尽管享有保护地位，安吉白茶在国际市场上仍面临假冒产品的竞争，原因是地理标志法律执行标准不一致。这削弱了产品的真实性和声誉，影响其市场潜力和消费者信任。虽然中国通过欧盟等协议在国际上为其地理标志产品争取到了保护，但仍面临显著挑战。这包括对齐保护标准和改善执行机制，以确保中国地理标志产品在全球市场上的真实性和竞争力。解决这些问题对提升中国地理标志产品的国际地位和经济价值至关重要。

7.4.4 公共认知紊乱

消费者对地理标志产品的了解有限，影响了市场需求的提升。根据调查数据，公众对地理标志产品的认知度和法律保护意识较差，严重影响了地理标志产品的市场推广和品牌建设。截至 2023 年，中国共批准了 2508 个地理标志产品，年产值超过 8000 亿元人民币。然而，调查显示，许多消费者对这些地理标志产品的概念和价值认识不足，导致市场需求增长缓慢。由于消费者对地理标志产品的了解有限，许多具有地理标志认证的优质农产品未能充分发挥其市场潜力。这不仅影响了生产者的收益，也削弱了地理标志在促进地方特色产业和经济发展中的作用。

7.5 中国地理标志农产品保护方法

一般来说，有两种主要的方法来保护农产品 GI，一种是特别法，另一种是商标法。前者的典型国家是法国，后者是美国。此外，反不正当竞争法也涉及 GI 保护，禁止虚假或具有欺骗性的来源标示行为，并包括某些防御性措施。然而，笔者认为这种方式并非一种积极有效的保护方法（Guan，2010）。

国家使用一种方法保护 GI，并不意味着排除其他方法。例如，法国不仅通过特别法保护 GI，还通过不公平竞争防止法保护 GI。美国主要使用商标法来保护 GI，但对于葡萄酒 GI，则采用特别法进行保护。为了保护 GI，中国应该采取什么模式？学者们有不同的观点。Bashaw（2008）和 Yao 等（2014）提出，中国的 GI 应该受到商标法的保护。杨亮峰和黄洋泽（2006）、杨鹤才和李华（2008）等认为，中国是拥有丰富 GI 资源的国家，应该通过特别法予以保护。

张玉敏（2007）认为，中国应该同时使用商标法和特别法来保护 GI，除了现有的商标法之外，中国也应该制定 GI 保护法。当然，每枚硬币都有两面，在选择保护方法时，中国可能需要将目前的情况和今后的 GI 开发都考虑在内，如下所示。

第一，政府部门级别以下水平的 GI 保护相关规定，在发布时就存在正当性。根据《中华人民共和国行政许可法》的规定，政府部门级别以下的机构无权设定行政审批事项。通过 AQSIQ 确认 GI 产品和通过 MOA 注册农产品 GI 是非管理性审查。2014 年 4 月，国务院宣布清理政府部门实施的非管理性审查的审查项目，2015 年 5 月，国务院决定取消非管理性审查项目，不再存在非管理性审查和批准类别。

第二，中国拥有大量的 GI，与 IP 领域的其他国家相比，中国在专利、商标及著作权等方面处于后发渐进阶段。21 世纪初，郑成（2002）曾指出，GI 有可能成为中国在 IP 领域的有利项目。

与 Longjing Tea 类似的 GI 在世界上知名度越来越高，中国过去几年里在 GI 保护方面取得了很大进展，但没有达到需要取得的成果。为了加强中国的 GI 保护，应大力促进 GI 开发，增强中国 GI 产品在世界市场的竞争力，提高中国与其他国家进行 GI 谈判的竞争力。国际上，法国和印度等拥有丰富 GI 的国家，试图通过特别法保护 GI（Feng et al.，2014）。相反，像美国这样 GI 较少的国家，则主要通过商标法保护 GI。

第三，中国的 GI 保护应与国际规范一致。在很多方面，GI 和商标之间有着根本的区别。GI 强调地理起源及产品的声誉或其他特性，而商标更注重正式审查。例如，在中国签署的国际条约、《巴黎公约》和 TRIPs 协定中，GI 是一种单一类型的 IP。此外，GI 和商标在有效时间、地点范围等方面有所不同。

最后，中国政府开始着手制定有关地理标志（GI）保护的专门法律。2008 年 6 月，国务院发布了国家 IP 战略概要，其中 GI 法案被列为战略优先事项之一。2014 年 12 月，国务院办公厅发布了国家 IP 战略实施计划的进一步落实（2014—2020），其中将 GI 法列为支持法案。考虑到这一点，可以合理地认为中国制定 GI 特别法将在最近几年内开始。中国需要在政府部门或以下的水平上废除现有的 GI 保护规定，根据现行商标法统一保护 GI，并在适当的时候制定保护 GI 的特别法。

7.6　启示

GI 的概念很复杂，有不同的术语来解释它，学者们一直在研究分析它（吴春琦，2003；张国华，2006；郑昌源，2009；姚思涵，2014）。4 个国际条约和中国国内法及规定中使用的术语包括"来源标志（IS）""原产地标志（AO）""地理标志（GI）"等。在不同的情况下，术语可以看作是相同的，但意义截然不同。考虑到 GI 在 TRIPs 协定的定义在全球被广泛接受，中国也应该使用这个定义。

由于历史原因，中国有很多地名商标，正如前面介绍的那样，发生了很多冲突。根据现行商标法第 59 条的规定，"注册商标所有人无权禁止他人使用地理名称"，但并没有解决矛盾问题。此外，根据地名商标的分配及许可，行政区域以下的地名商标注册法等，还应考虑 GI 的事前权利。

在许多国家，多个地点拥有相同名称是常见的现象，中国也不例外。例如，黑龙江省、吉林省、河南省、甘肃省、陕西省都有同名村庄。因此，根据 TRIPs 协定第 22 条，尽管地理标志（GI）在字面上是真实的，但如果会导致消费者混淆，仍然会被禁止。鉴于此类情况的复杂性，法律增加了对 GI 保护的条款。

一般来说，葡萄酒和酒类是高收益产品，质量、声誉或其他特性与地理起源密切相关，因此进一步保护葡萄酒和酒类的 GI 非常重要。中国有很多葡萄酒和酒类的 GI，特别是酒类。对葡萄酒和酒类的 GI 保护不仅是 TRIPs 协定的要求，也是中国葡萄酒和酒类产业发展的重要手段。

中药、陶瓷等是中国 GI 的特色，是经济发展中重要的 GI。例如，中药因中国科学家屠呦呦发现青蒿素获得 2015 年诺贝尔生理学或医学奖而久负盛名，中国需要特别保护这种极高水准的 GI。很多国家都是这样做的，如法国葡萄酒 GI 保护、瑞士手表 GI 保护等。

根据消费者对 GI 产品的购买意向调查，第一，目前中国消费者对 GI 产品还处于认知提高阶段,这对所有种类的 GI 产品购买意向都将产生积极的影响。

随着 GI 的认知水平提高到较为熟知的阶段，消费者对 GI 产品的购买意向会越来越高。第二，对水果和蔬菜产品以及 GI 葡萄酒的购买意向，取决于消费者的收入，收入越高，购买意向越高。据调查，中国消费者购买 GI 产品大部分作为礼品赠送。第三，中国消费者对 GI 产品的购买意向约为 33%，国内消费者对不同种类 GI 产品的购买意向存在一些差异。其中，消费者购买 GI 茶的意向最高，购买 GI 中药的意向较低。

一些学者发现，教育水平等人口统计学特性，是影响购买 GI 产品意向的重要因素。但从这项调查中看出，人口统计学特性中的客户，对所有 4 种类型 GI 产品的购买意向影响不大，真正对 GI 熟悉了解，才是愿意为各种 GI 产品付费的重要原因。

基于上述分析，可以预测目前中国消费者对 GI 产品的认识处于较低状态，虽然购买意愿不强，但随着社会公众对 GI 产品认识水平的提高，消费者群体的扩大，必将诱发 GI 产品生产与消费的稳步增加。基于以上判断，政府认证机构和 GI 产品制造商要深入研究，不断提高 GI 产品的可视性和美誉度，让越来越多的消费者对 GI 产品有更充分的认知，从而推动 GI 产品产业的大发展，为生产者提供更多的收益，也为消费者提供更多优质的 GI 产品。

水果、蔬菜等是消费者日常生活中必不可少的农产品，经济学研究表明，随着可支配收入的增加，人们不必增加必需品的数量，但一定会提高必需品的消费水平。收入影响消费者对所需蔬菜、水果和酒类的购买意向，但对茶、传统中药和其他非医疗产品的购买意向影响不大。因此，GI 蔬菜、水果和葡萄酒生产者有必要考虑与收入水平较高的地方政府合作，向该地区销售更多 GI 产品，然后根据其他地区的发展需要，扩大更多区域的 GI 产品销售。

8 结论

TRIPs 协定的签署，标志着保护 GI 倡导者和 GI 的成功，但有几个问题需要解决。TRIPs 协定本身包含让成员"参与谈判以加强对个别地理标志的保护"的议题，要求讨论 GI 对葡萄酒的多边通报和注册制度的引入。对此，欧盟就通报和登记制度提出了两个主要建议。

欧盟的提案要求，自愿加入和强制通报，即选择参与的国家必须通报在其管辖区受到保护的所有 GI，以及具有法律约束力的制度，即 GI 的注册，意味着相应的术语在 WTO 成员方受到保护的制度等。中国正在建立以协商为目的的国际数据库为基础的主动系统，即支持主动参与和主动通报的系统。

本书研究的课题涉及三个方面：

第一，目前用于保护 GI 的不同 IP 手段对中国经济有何影响。以目前中国 GI 保护存在的问题为依据，缩小或减少各部门之间法律规定的冲突，政府、企业、消费者等都应致力于保护 GI。目前，中国多项法律规定中存在重复，有不同的 IP 手段。存在原产地产品管理规定与商标法规定的 GI 保护内容不一致的问题。而有关原产地产品的管理规定，作为部门规制，法律约束力不强。为了增强保护的约束力，需要加强符合 TRIPs 协定的法律制定与规范。

第二，关于中国消费者地理差异化的认知程度，如何认识美国和欧洲的 GI。欧盟的 GI 对葡萄酒、洋酒、啤酒、奶酪、加工肉等产品尤为重要，GI 产品包含了欧洲众多的国际研究项目。欧盟通过的独特 GI 体系保护 GI，核心是 GI 是具有与注册商标不同特征的单独 IP 形式。由于 GI 不同，需要独立的系统进行保护。欧盟 GI 系统的本质特征，是应聘者必须积极证明产品的特性、质量或声誉在本质上源于本国地理环境或起源，如果链接得到证实，则可以注册适当的地理名称。

与欧盟不同，美国不认为 GI 需要独特的系统来保护，认为 GI 是商标的子集。因此，美国对 GI 的保护遵循与商标权相同的标准和规则，主要通过商标法来进行保护。在美式商标权保护制度下，GI 具有两种不同的法律属性，一种是表示产品地理起源的标志，另一种是表示产品特定质量、声誉或其他特性的标志。在美国，如果 GI 注册为集体或认证标志，无疑会受到更严格保护。

美国和欧盟正在研究当认证和商标都可以使用的环境下，在竞争激烈的国际市场上，如何保障 GI 产品质量对公司知名度和信誉的影响。总体看，通过 GI 产品结构扩展，以反映集体和企业的知名度，该体系用于研究被称为 GI 的具有地区身份的食品认证和商标。这个体系反映出三个结果：第一，在存在不对称信息和道德风险问题的市场中，可靠的认证体系与只能使用个人商标的情况相比，减少了树立声誉的成本，带来了利益。第二，认证体系的设计在解决信息不对称问题上发挥了关键作用。从政策角度看，其结果是影响了目前 WTO 关于 GI 的讨论和谈判，以及欧盟内部正在进行的产品质量政策改革。对于为 GI 提供知识产权保护工具的选择，我们认为基于认证标志名称的独特通用体系更适合中国实际。第三，支持了传统 GI 保护的有效性，通过提供与地理领域无关的高品质产品工具，保证了欧盟 GI 制度的顺利实施。

PDO 和 PGI 作为国际化工具，其效果取决于产品的声誉、原产地的声誉（光环国家效应）、客户对 PDO 所提供保障的重视程度、PGI 认证、企业实施 PDO-PGI 营销战略的能力、团体组织的效果等。事实上，关于 GI 产品生产者的满意度分析，已经证明存在着非常多样和复杂的情况，不能只通过"产品要素"来解释。该研究显示，不同生产系统的多样性和相同农产品保护产品的企业之间，协会的影响力差异较大。GI 产品的多样性不仅取决于供应链的组织，还取决于产品的声誉和原产地。GI 产品的内部多样性，在层次、组织、目标、产量、可用性等方面，与同一生产系统的企业异质性紧密关联。

以自主品牌在海外市场享有盛誉的企业，对 PDO 或 PGI 多不感兴趣，由此导致 PDO 和 PGI 与企业的品牌名称之间产生矛盾。作为 PDO 和 PGI 最专业的生产商，往往从出口导向的角度对更多受保护的 GI 产品表现出较高的满意度。此外，在生产 PDO 和 PGI 公司的基本层面上，相关公司的专业技术和知识水平，与 GI 产品国际化进程所要求的标准有较大差距。

实际上，生产者合作社及财团等团体组织，在组织生产系统、管理欧洲认证、支持相关公司的国际活动方面发挥了重要作用。具体来说，PDO 和 PGI 的国际化方法程序，可能直接、间接在国际上影响集体促销活动的开展，需要生产者考虑采用适当的生产流程和管理方法，支持其 GI 产品参与其他地区的本地化营销网络构建。在这方面，相关国际化战略的财团，可支持旗下 GI 产品生产企业加强力量，整合解决在海外市场运营的结构性能力不足问题。

总体研究结果显示，PDO 和 PGI 对地理名称的声誉产生了显著的经济影响，特别是在生产者收益分配方面。在满意度方面，动机水平的结果意外显示，应客户（经销商、进口和出口商以及大型零售商的购买者）的要求，在海外市场使用 PDO 或 PGI，其 PDO 或 PGI 标识，除了证明产品的原产地和生产工艺外，还为专业运营商提供了重要的标准化功能。因此，政策制定者应充分考虑 GI 产品的消费者认知作用，通过系列措施来提高 PDO 和 PGI 在国际化战略中的影响，以确保 GI 产品营销战略的顺利推进。同时，不仅要在最终销售市场上投资增加消费者信息资本，还要向企业生产者普及提高面向国际市场所需的 GI 知识与操作能力。

第三，如何正视开放经济的影响，加强国际市场对 GI 的现行 IP 保护。

目前，为了加强对 GI 的 TRIPs 保护，我们调查了 GI 出口国和 GI 进口国的激励机制，重新审视了 WTO 成员方之间目前对 GI 的争议。此外，GI 的最新相关研究，为填补现有关于 GI 的文献空间做出了贡献，相关 IP 文献提供了较完整的 IP 保护或完全不受保护的特定案例。通过允许对知识产权（IP）进行部分或有限程度的保护，这种灵活性被视为 IP 保护的一个"优势"。我们能感受到目前正在进行的 WTO 关于 GI 的讨论，仍处于一般化争论状态。其争论焦点，不是是否提供保护，而是为 GI 提供多少保护。通过这些案例可以看到，如果消费者缺乏有关 GI 和 GI 类似产品特征的信息，考虑到在扩大市场需求方面的促进作用，将需要补充和增加对该领域的现有研究。

具体来说，需要分析国际市场上提供给 GI 的 IP 保护力度，如何影响向消费者提供信息的生产者的动机，进而对生产者群体和消费者之间以及在国际市场上的福利分配产生何种影响。在此，我们必须证明，关于 GI 进口国和 GI 出口国，在国际市场上对 GI 提供的 IP 保护力度可能存在不同的利益关系。这样一来，就会发现 GI 出口国的利益非常重要。由于 IP 的优势，这些单调增长的国家将明显受益于当前 GI 条款的规制加强。事实上，更强有力的 GI 相关 IP 条款可能使 GI 生产者在拥有稀缺资源的情况下，进一步增强其获取市场回报的能力。

另一方面，GI 进口国可能会因为当前 IP 条款的加强而蒙受损失。对于进口国来说，IP 权利对 GI 的大部分利益是通过提供最低水平保护来实现的，这是为引导 GI 生产者出口提供充分的奖励。此外，超过这一最低水平，增加 IP 保护，且适当加强，不仅对 GI 类似产品的国内消费者有利，对生产者也有利。这是因为，在向 GI 产品的生产者提供消费者已知信息的情况下，增加了对 GI 的奖励。

但随着 IP 的加强，国内 GI 产品生产者失去部分消费者的可能性更大。这是因为，随着 IP 保护的加强和 GI 市场的扩大，GI 产品生产者的竞争力可能会因行业效率低下而降低。由于 GI 产品信息量不足，类似 GI 产品的生产者可以免费搭车销售其产品的机会相应增加。另外，随着 IP 保护的加强，GI 和 GI 类似产品之间的替代性程度在消费者眼中减少，因而 GI 类似产品的消费需求将会提高。因此，当市场支配力受到限制时，对中国国内消费者来说，在部门集中度较低时，通过进一步加强 GI 政策获益的可能性减少。

在许多国家，拥有相同地名的 GI 产品处于不同地点是常见的现象，中国也不例外。因此，TRIPs 协定第 22 条禁止了 GI，因为 GI 字面上是事实，但却是扰乱消费者的 GI。考虑到各种情况，增加了 GI 保护条款的法律。

一般来说，葡萄酒和酒类是高收益产品，质量、声誉或其他特性与地理起源密切相关，因此进一步保护葡萄酒和酒类的 GI 非常重要。中国有很多葡萄酒和酒类的 GI，特别是酒类。对葡萄酒和酒类的 GI 保护不仅是 TRIPs 协定的要求，也是中国葡萄酒和酒类产业发展的重要手段。

对 GI 产品的消费者购买意向调查显示，第一，目前中国消费者对 GI 产品仍比较陌生，但随着 GI 产品生产者的不断增加及消费升级，加上市场细分，对各类 GI 产品的购买意向产生了积极影响。也就是说，消费者对 GI 产品的了解越多，购买意向就越强。第二，对水果和蔬菜产品以及 GI 葡萄酒的购买意向取决于消费者的收入，收入越高，购买意向越强。据调查，中国消费者使用GI 产品大部分作为礼品。第三，中国消费者对 GI 产品的购买意向约为 33%，国内消费者对不同种类 GI 产品的购买意向存在一些差异，其中购买 GI 茶的意向最高，购买 GI 中药的意向最低。

一些学者发现，教育水平等人口统计学特性是影响购买 GI 产品意向的重要因素。研究表明，人口统计学特性下的客户，对所有 4 种类型 GI 产品的购买意向影响不大，其对 GI 的了解深浅，是愿意为各种 GI 产品付费的重要原因。基于上述内容，可以预测目前中国消费者对 GI 产品的认知较低，购买的意愿处于较低状态。随着对 GI 产品认识水平的提高，消费者愿意增加 GI 产品的消费支出。基于上述分析，可以向政府认证机构和制造商建议，政府和企业要提高 GI 产品的可视性和受欢迎度，让越来越多的消费者对 GI 产品有基本的认识，这将有助于 GI 产品及产业发展，为生产者提供更多的收益。

水果、蔬菜是消费者日常生活中必不可少的农产品。经济学研究表明，随着可支配收入的增加，人们不必增加必需品的数量，但一定会提高必需品的消费水平。收入影响消费者对所需蔬菜、水果和酒类的购买意向，但对茶、传统中药和其他非医疗产品的购买意向影响不大。因此，GI 蔬菜、水果和葡萄酒生产者，需要考虑与收入水平较高的地方政府合作，向该地区销售更多的GI 产品。

如前所述，除了满足消费者的关注外，原产地标记和 GI 也是为生产者和交易者提供服务的工具，也是他们的竞争工具。商标通常适合单企业拥有并最终满足其垄断利益，但原产地和 GI 是特定和确定地区的生产者和交易者的共同资产。

因此，原产地标记和 GI 在法律性质上非常特别，它们是独特的标志和产业产权，但不是个人或协会、公共机构的财产。原产地标记和 GI 构成共同所有或共同财产。也就是说，原产地标记或 GI 是由多个使用该名称的群体共同拥有的。这些标记的使用权和产生的利益属于整个群体，即那些遵守产品设定规则、位于 GI 地区的所有生产者和商人。这样一来，GI，尤其是原产地标记，履行着公共职能，与其他知识产权不同。它们通过法律属性来正当化其使用，但不以个人或机构的利益为导向。特别是在双边协定谈判或 WTO 商务会议中讨论时，需要考虑到这一点。

在以前关注 GI 的国家中，PDO 和 PGI 正在从地区性和典型性的角度融为一体，欧盟正在追求为 PDO 和 PGI 提供尽可能强大的国际保护，鼓励对葡萄酒和酒类以及所有 GI 进行进一步保护，并实施统一的认证标准。同时，包括联合国教科文组织，世界文化遗产目录申请和提高认识活动在内的 GI 和 FTA 双边协议，可以说是 GI 在国际上得到认可的标志。但是，大多数涉及 GI 的国际条约，都将葡萄品种排除在 GI 保护之外。如果欧盟成功阻止美国及其他"新世界" GI 国家生产普罗塞科葡萄酒，WTO 可能因此引发澳大利亚、其他"新世界" GI 国家以及中国等与欧盟之间的 GI 纠纷。

因此，为了在公平交易中遏制模仿、伪造和误导性购买行为，并在全球自由贸易和信息流通的环境中保护消费者，有必要对现有的知识产权（IP）和类似的地理标志（GI）制度进行深入研究，确保达到有效的保护和执行标准。从根本上来说，经济利益的公共属性不应因谈判国家的不同而存在不公正的差异，这也需要进行进一步的研究与探讨。

参考文献

陈芳，王志，孟芳，等，2017.供给侧改革视角下的新疆地理标志产品发展策略
　　研究[J].农业经济（1）：130-132.

董炳和，2005.地理标志知识产权制度研究[M].北京：中国政法大学出版社.

冯寿波，陆玲，2014. 完善中国地理标志法律保护的研究：以地理名称商标的
　　注册和合理使用为中心[J].湖北社会科学，9：143-152.

何晓燕，2010.幼年羊驼耳部与背部皮肤 microRNA 表达差异[J].中国生物化学与
　　分子生物学杂志，26：1016-1022.

黄武双，谢瑜，2005.国外原产地域产品控制制度于我国之借鉴[M]//王立民.知
　　识产权法研究.北京：北京大学出版社.

姜怀志，2012.中国绒山羊毛囊结构特征及发育机制[J].吉林农业大学学报，34：
　　473-482.

姜琳，2012.地理标志国际保护研究[D].长春：吉林大学.

康永伟，2012.从同音异义词角度看地名标准化[J].中国地名，10：48-49.

罗立，2005.论地理标志保护的完善[M]//王立民.知识产权法研究.北京：北京大
　　学出版社.

任继圣，2001.WTO 与知识产权法律实务[M].长春：吉林人民出版社.

单飞，2002.经济法理论与范畴的解析[M].北京：中国检察出版社.

孙碗陲，2002.世界贸易组织法文集[M].北京：当代中国出版社.

陶邝峰，2007.经济法学[M].北京：中国检察出版社.

王笑冰，2006.地理标志的法律保护[M].北京：中国人民大学出版社.

吴汉东，胡开忠，2005.无形财产权制度研究（修订版）[M].北京：法律出版社.

杨红，李红，2008. 论我国地理标志保护专门法律的立法[J].西北农林科技大学
　　学报（社会科学版），2：22。

杨燕，2013. 中国地理标志体系建设研究[J].温州大学学报（社会科学版），26
　　（1）：77-82.

姚胜，杨永刚，2014.隐私权是地理标志的本质[J].工商行政管理双周刊，17：52.

姚书强，2014.地理标志概念辨析[J].中国工商行政管理研究，8：51-55.

张光哲，徐哲，唐文艳，2017.茶叶地理标志溢价支付意愿研究——以安化红茶

为例[J].农业技术经济（8）：110-116.

张桂山，2016.辽宁绒山羊和钱华美利奴羊皮肤和毛囊中 miRNA 的筛选及候选靶基因的鉴定[D].长春：吉林农业大学.

张今，2000.知识产权的新视野[M].北京：中国政法大学出版社.

张倩，郭秀平，刘佳佳，2015.消费者地理标志农产品购买意愿影响因素研究文献综述[J].科技广场，6：224-228.

张玉敏，2005.中国欧盟知识产权法比较研究[M].北京：法律出版社.

赵小平，2007.地理标志的法律保护研究[M].北京：法律出版社.

郑成思，2002.从入世与知识产权保护说到民商法的现代化[M]//孙碗钟.世界贸易组织法文集.北京：当代中国出版社.

周光国，2016.miR-125b 对山羊次级毛囊真皮乳头细胞的影响[J].生物技术电子杂志，25：64-69.

ALFNESl F, GUTTORMSEN A G, STEINE G, et al., 2006. Consumers willingness to pay for the color of salmon: a choice experiment with real economic incentives[J]. American Journal of Agricultural Economics，88（4）：1050-1061.

ANANIA G，NISTICÒ R，2004. Public regulation as a substitute for trust in quality food markets: what if the trust substitute cannot be fully trusted? [J]. Journal of Institutional and Theoretical Economics，160：681-701.

ANDL T，2006. The miRNA-processing enzyme dicer is essential for the morp hogenesis and maintenance of hair follicles[J]. Current Biology，16：1041-1049.

ANGELINI C, FEIS I D, CICCODICOLA A，2010. Uncovering the complexity of transcriptomes with RNA-Seq[J]. Journal of Biomedicine and Biotechnology，2010：853916.

BARHAM E，2003.Translating terroir：the global challenge of French AOC lLabelling[M].Journal of Rural Studies，19：127-138.

BAR-ISAAC H，TADELIS S，2008. Seller reputation[J].Foundations and Trends in Microeconomics，4（4）：273-351.

BASHAW B M，2008. Geographical indications in China: why protect GIS with both trademark law and AOC type legislation[J].Pacific Rim Law and Policy Journal，17：73-102.

BELLETTI G，2000. Origin labelled products，reputation，and heterogeneity of firms[M]//SYLVANDER B，BARJOLLE D，ARFINI F，et al.The socio-economics of origin labelled products in agri-food supply chains. INRA Acteset Communications，17-1: 239-260.

BELLETTI G，BURGASSI T，MANCO E，et al.，2006. La valorizzazione dei prodotti tipici：problemi e opportunità nellimpiego delle denominazioni geografiche[M]//CIAPPEI C.La valorizzazione economica delle tipicità locali tralocalismo e globalizzazione. Firenze：Florence University Press，189-265.

BELLETTI G，BURGASSI T，MARESCOTTI A，et al.，2005.The effects of certification costs on the success of a PDO/PGI[G]92nd EAAE Seminar Quality Management and Quality Assurance in Food Chains，Germany.

BELLETTI G，BURGASSI T，MARESCOTTI A，et al.，2007. The effects of certification costs on the success of a PDO/PGI[M]//THEUVSEN L，SPILLER A，PEUPERT M，et al.Quality management in food chains.Wageningen：Wageningen Academic Publishers.

BRAMLEY C，KIRSTEN J F，2007. Exploring the economic rationale for protecting geographical indicators in agriculture[J]Agrekon，46（1）：69-93.

BULLARD J H，PURDOM E，HANSEN K D，et al.，2010. Evaluation of statistical methods for normalization and differential expression in mRNA-Seq experiments[J]. Bmc Bioinformatics，11：94.

CANADA J S，VAZQUEZ A M，2005. Quality certification，institutions and innovation in local agro-food systems: protected designations of origin of olive oil in Spain[J]. Journal of Rural Studies，21：475-486.

CLEMENS R，2002. Why cant Vidalia onion be grown in Iowa? Developing a branded agricultural product[M].Iowa：MATRIC Publications.

FABIAN M R，SONENBERG N，FILIPOWICZ W，2010. Regulation of mRNA translation and stability by microRNAs[J]. Annual Review of Biochemistry, 79: 351-379.

FAN Y X, 2015. Hair follicle transcriptome profiles during the transition from anagen to catagen in Cashmere goat （Capra hircus）[J]. Genetics and Molecular Research, 14: 17904-17915.

FISHMAN A, FINKELSTEIN I, SIMHON A, et al., 2008. The economics of collective brands[J].Discussion Papers: 317262.

GRACIA A, MAGISTRIS T, NAYGA R, 2012. Importance of social influence in consumers' willingness to pay for local food: are there gender differences? [J].Agribusiness, 28（3）: 361-371.

JOSLING T, 2006. The war on terroir: geographical indications as a transatlantic trade conflict[J].Journal of Agricultural Economics, 57: 337-363.

KRYSTALLIS A, NESS M, 2005. Consumer preferences for quality foods from a South European perspective: a conjoint analysis implementation on greek Olive Oil[J].International Food and Agribusiness Management Review, 8(2): 62-91.

LANDES W M, POSNER R A, 2003. The economic structure of intellectual property law[M].Cambridge : The Belknap Press of Harvard University Press.

LANGINIER C, BABCOCK B, 2008. Agricultural production clubs: welfare implications[J].Journal of Agricultural & Food Industria Organization, 6（1）: 10.

LEI Z X, FU S L, YANG B, et al., 2017. Comparative transcriptional profiling of tildipirosin-resistant and sensitive haemophilus parasuis[J]. Science Report, 7: 7517.

LENCE S H, MARETTE S, HAYES D, et al., 2007. Collective marketing arrangements for geographically differentiated agricultural products: welfare impacts and policy implications[J].American Journal of Agricultural Economics, 89: 947-963.

LOUREIRO M L, UMBERGER W J, 2003. Estimating consumer willingness to pay for country-of-origin labeling[J].Journal of Agricultural and Resource Economics, 28: 287-301.

LUSK J L, BROWN J, MARK T, et al., 2006. Consumer behavior, public policy, and country-of-origin labeling[J].Review of Agricultural Economics, 28（2）：284-292.

MAINVILLE D Y, ZYLLBERSZTAJN D, FARINA E M M Q, et al., 2005. Determinants of retailers decisions to use public or private grades and standards: evidence from the fresh produce market of São Paulo, Brazil[J]. Food Policy, 30: 334353.

MOSCHINI G C, 2004. Intellectual property rights and the world trade organization: retrospect and prospects[M]//ANANIA G, BOHMAN M, CARTER C, et al.Agricultural policy reform and the WTO: Where are we heading? Cheltenham: Edward Elgar Publishing.

MOSCHINI G C, MENAPACE L, PICK D, 2008. Geographical indications and the provision of quality[J].American Journal of Agricultural Economics, 90（3）：794812.

NAYGA R, JR M, 1999. Toward an understanding of consumers perceptions of food labels[J].The International Food and Agribusiness Management Review, 2: 29-45.

O'CONNOR B, 2004a. The law of geographical indications[M].London：International Law Publishers.

O'CONNOR B, 2004b. Sui generis protection of geographical indications[J].Drake Journal of Agricultural Law, 9: 359-387.

OSHIMORI N, FUCHS E, 2012. Paracrine TGF-β signaling counterbalances BMP-mediated repression in hair follicle stem cell activation[J]. Cell Stem Cell, 10: 63-75.

PLASARI G, 2010. Nuclear factor I-C regulates TGF-{beta}-dependent hair follicle cycling[J]. Journal of Biological Chemistry, 285: 34115-34125.

QI L, 2013. miR-370 is stage-specifically expressed during mouse embryonic development and regulates Dnmt3a[J]. FEBS letters, 587: 775-781.

RAO S S, 2006. Indigenous knowledge organization: an Indian scenario international[J].Journal of Information Management, 26: 224-233.

ROB R, FISHMAN A, 2005. Is bigger better? Customer base expansion through word-of-mouth reputation[J].Journal of Political Economy, 113 (5): 1146-1161.

SCHLAKE T, 2007. Determination of hair structure and shape[J]. Seminars in Cell & Developmental Biology, 18: 267-273.

TIAN F, 2009. Study on legal protection system of geographical indications[M]. Beijing: Intellectual Property Publishing House.

WINFREE J A, MCCLUSKEY J J, 2005. Collective reputationand quality[J].American Journal of Agricultural Economics, 87 (1): 206-213.